Wolfgang Triebler

Willensbildung des Glaubens

Theologische Plädoyers

Band 14

LIT

Wolfgang Triebler

Willensbildung des Glaubens

Meditationen zum Thema

LIT

Umschlagbild:
Albrecht Dürer, *Betende Hände*, circa 1508, Pinselzeichnung auf blau
grundiertem Papier

Gedruckt auf alterungsbeständigem Werkdruckpapier entsprechend
ANSI Z3948   DIN ISO 9706

Bibliografische Information der Deutschen Nationalbibliothek
Die Deutsche Nationalbibliothek verzeichnet diese Publikation in der
Deutschen Nationalbibliografie; detaillierte bibliografische Daten sind
im Internet über http://dnb.dnb.de abrufbar.

ISBN 978-3-643-25029-2 (br.)
ISBN 978-3-643-45029-6 (PDF)

© LIT VERLAG Dr. W. Hopf Berlin 2022
Verlagskontakt:
Fresnostr. 2   D-48159 Münster
Tel. +49 (0) 2 51-62 03 20
E-Mail: lit@lit-verlag.de   https://www.lit-verlag.de

Auslieferung:
Deutschland: LIT Verlag, Fresnostr. 2, D-48159 Münster
Tel. +49 (0) 2 51-620 32 22, E-Mail: vertrieb@lit-verlag.de

Inhaltsverzeichnis

Liebe Leserin, lieber Leser – wieder ein Anfang

Inmitten der Corona-Pandemie 2020 finde ich Kraft und Zuspruch das vorliegende Thema zu einem gewissen Abschluss zu bringen. Die Beschäftigung damit geleitete mich durch mein theologisches Wirken. Am Anfang der Bemühungen stand um 1970 eine umfangreiche Arbeit zum Stellenwert des Gebets in den drei traditionsbildenden Konzepten bei Thomas von Aquin, Friedrich Daniel Schleiermacher und Karl Barth.

Für eine weitere wissenschaftliche, akademische Arbeit fehlten nicht nur Ehrgeiz und Begabung. Verlockender erschien die Umsetzung der Einsichten in die Praxis des Gemeindelebens. Dabei blieb das Thema des gelingenden Gebets in den unterschiedlichen Lebensphasen immer präsent. Eine Fortsetzung der Bearbeitung im Ruhestand ab 1999 erforderte freilich einen neuen Ansatz. Mit den Erfahrungen neuer und alter Einsichten konnte das Thema in seinen vielfältigen Problemen aufgeblättert, betrachtet und theologisch bewertet werden.

Eine erste Veröffentlichung von Teilen des hier vorliegenden Gesamtwerkes erfolgte 2012 in der Hoffnung, aus folgenden Gesprächen, Rückmeldungen und Anmerkungen, auch Anregungen, für Ergänzungen bis hin zu einem abgerundeten Schluss zu erlangen. Seitdem habe ich meine Lebensarbeiten zum Thema, vor allem den mir wichtigen Text zu Friedrich Daniel Schleiermacher auch in der Sicht der dogmatischen Tradition, erneut bedacht und bewertet.

Die Antiphon „Ubi caritas et amor Deus ibi est" aus der Liturgie des Gründonnerstages bot überraschende Anregungen, um den Gedanken zu einem Ziel zu führen. Bei der Bearbeitung der Texte erfuhr ich jetzt freundliche sowie anregende und sorgfältige Unterstützung durch Frank Gorgas. Dafür an dieser Stelle vielen Dank. Die Zusammenstellung lässt uns auf eine Veröffentlichung hoffen.

Zu Pfinsten in Wilhelmshorst, 2021

Wolfgang Triebler

1

Liebe Leserin, lieber Leser – ein Wort zum Geleit

Eine Arbeit im „status nascendi", im Werden zu verbreiten, ist vielleicht ungewöhnlich – gleichwohl will ich es Euch anvertrauen. Anlass dazu mag es im Jahr sicher hinreichend geben. Wenn es ganz gut geht, können ja auch Rückmeldungen in die Fortsetzung einfließen.

Das Thema „Kirche" hat mich in den letzten Monaten mehr als mir lieb war, beschäftigt. Anderes musste pausieren. Im Parcours scheuen manchmal die Pferde vor einer Hürde und weichen aus. So jedenfalls erging es mir. Dann ist ein neuer Ansatz nötig. Der Gang der Dinge ist dann manchmal doch schwieriger als vorhergesehen. Der Abschnitt über Schleiermacher erweist sich als eine besondere Herausforderung, besser eine Hürde, über die ich noch nicht hinweggekommen bin. Durch ihn wurden einst aber Weichen gestellt, die heute noch mehr oder minder bewusst die Richtung bestimmen. Deshalb mag ich diese Position nicht übergehen. Was heute über Spiritualität geäußert und praktiziert wird, hat hier, neben den Wurzeln in der mittelalterlichen Mystik, seinen Grund.

Wie bekommen wir die von dort herkommenden Anregungen und unsere alltägliche „Welt-Erfahrung" zusammen. Das ist, so meine ich, kein intellektuelles Glasperlenspiel. Darin muss sich der Glaube heute bewähren. Davon bin ich überzeugt.

In diesem Sinne mag das Fragment erst einmal dem „Stresstest" ausgesetzt werden. Mögen die Gedanken Anregung und Freude bereiten – das wünsche ich Euch

Epiphanias, 2012
Wolfgang Triebler

2

Meditation I
Zur Entstehung der Arbeit und die heutige Aktualität[1]

*Im Jahr 1970 hatte ich ein Studiensemester. In dieser Zeit – genauer ge-sagt zwischen Pfingsten und Erntedankfest – konnte ich mich (fast) aus-schließlich der theologischen Arbeit widmen. Bereits mit der Entscheidung für den Gemeindedienst – der Meldung zum ersten Examen 1961 – war der Wunsch verbunden, die theologische Arbeit fortsetzen zu können. Dafür ließ die Gemeindearbeit zunächst hinreichend Raum und Muße. Intensität der Vorbereitung auf Gottesdienst und Unterricht waren zunächst die be-sonderen Felder. Die Dorfgemeinde, in der ich seit 31.Okt. 1963 arbeitete, war mein Arbeitsbereich. Zwischen der (ersten) Heuernte und dem Ern-tedankfest. ruhte weitgehend das Gemeindeleben. Unterricht, Bibelstunde, Mütterkreis, junge Gemeinde u. a. machten Pause. Gottesdienst und Beer-digungen blieben als regelmäßige bzw. aktuelle Aufgaben. Um die Auszeit mit gutem Gewissen zu realisieren, war die Zustimmung von Superinten-dent und Kirchenleitung allerdings wichtig.

In dieser Zeit entstand die vorliegende Arbeit. Frau Fürtig vom Kir-chenbüro – nun schon in Cottbus – brachte sie auf Ormicmatrize (dem eins-tigen Vervielfältigungsverfahren) in Reinschrift. Die Themenwahl erfolgte in Absprache und einigen Konsultationen mit Prof. Hans-Georg Fritzsche, Ordinarius an der Humboldt-Universität. Ihn kannte ich seit Tagen der Stu-dienbewerbung. Er hatte mir bei einem Besuch nicht nur die Ablehnung meiner Bewerbung (inoffiziell) mitgeteilt, sondern mir auch die Anregung für eine Bewerbung am Sprachenkonvikt gegeben, die dann auch erfolg-reich war.

Während des Studiums – nach dem Wechsel an die Humboldt-Uni – konnte ich mit Raimund Höhne, einem Kommilitonen aus dem gleichen

---

[1] Aus dem Vorwort zu *Willensbildung des Glaubens* – eine Untersuchung über den Bei-trag der Tradition zur Interpretation der Lehre vom Gebet im Horizont säkularen Wirk-lichkeitsverständnisses.

3

Studienjahr, die *„Strukturtypen der Theologie"* von *H.G. Fritzsche* Korrektur lesen.

Meine Arbeit war wohl als Vorlage zur Promotion gedacht. Doch für dieses Verfahren – und einer weiteren wissenschaftlichen Karriere – fehlten wohl Ehrgeiz und Begabung. Jedenfalls blieb nach dem Wechsel (zum ersten Dezember 1970) in die Neustadtgemeinde Cottbus-Sandow (Bodelschwingh-Gemeinde) für die theologische Arbeit an diesem speziellen Thema kein Raum mehr. So blieb die Arbeit ein Torso, freilich nicht nur aus dem vordergründigen Mangel an Zeit.

* * Die Themenwahl *Willensbildung des Glaubens* mag seltsam klingen. Der Untertitel *„zur Interpretation der Lehre vom Gebet im Horizont säkularen Wirklichkeitsverständnisses"* gibt in etwa an, was mich bewegt hat. Dafür gab es mindestens zwei Impulse: Der eine reicht zurück in die Zeit der Sommer- Seminare (den sog. Fuchsfestspielen) an der Kirchlichen Hochschule in Bln-Zehlendorf. Gerhard Ebeling, Zürich, stellte die Bergpredigt-Auslegung Luthers (zusammen mit Ernst Fuchs, Berlin, und Manfred Metzger, Mainz) im Kontext der exegetischen und theologiegeschichtlichen Zusammenhänge vor.

Die Beschäftigung führte mich auch zu der spannenden Darstellung des Gebets in Luthers Auslegung der Bergpredigttexte. Auf die Wahrnehmung der theologischen Zusammenhänge hatte G. Ebeling wiederholt und anregend aufmerksam gemacht. So wollte ich dem nachgehen, welche Hilfe die theologische Tradition zur Gestaltung des Gebets heute anbietet.

* * * Der andere Impuls ergab sich aus bzw. in der Gemeindearbeit. Es waren die frühen sechziger Jahre, die Zeit des Vietnamkrieges. Die Amerikaner hatten begonnen, den Ho-Chi-Min Pfad – die Nachschubstraße – mit chemischen Waffen zur Entlaubung der schützenden Wälder zu bombardieren. Wiederholt hatte ich im gottesdienstlichen Fürbittgebet um Frieden gebetet. Dies hieß für mich damals der bedingungslose Abzug der amerikanischen Soldaten. Eines Tages beschwerte sich ein Kirchenältester über meine Einseitigkeit und fragte, warum ich nicht für die Verletzten oder Getöteten an der Berliner Mauer betete. Das aber konnte und w o l l t e ich nicht.

4

Das Verhalten der Menschen, die Mauer s o zu überwinden, konnte ich nicht verstehen. Auch wenn die Selbstschussanlagen in der Zeit noch nicht installiert waren, war die Flucht aus der DDR auf diese Weise lebensgefährlich. Und wozu auch? Was in der BRD unter Freiheit verstanden wurde, war mir nicht nachvollziehbar. Lohnte sich das Risiko, sein Leben aufs Spiel zu setzen, um den Mangel im Lebensstandard auszugleichen? War die Anpassung an die gesellschaftlichen Bedingungen so schwer? Ließ sich der Konflikt mit den Staatsorganen nur so umgehen?

Schließlich war die Teilung Deutschlands die Folge des unseligen Krieges, in dem die meisten noch irgendwie verstrickt waren. So etwa mag der (undiskutierte) Gedankengang wohl in der damaligen Situation verlaufen sein. Geborgenheit und Freiheit hatten für mich jedenfalls andere Wurzeln. Die Kraft zur Bewältigung des Alltags musste sich aus anderen Quellen speisen lassen. So antwortete ich dem Kirchenältesten, dass ich ihm gern einen Platz für s e i n Gebet einräumen würde – aber er selbst müsste es schon einbringen – Dies ist nie geschehen. War dies unbarmherzig und unsolidarisch mit einer anderen – politischen – Auffassung? Dieser A r b e i t am Gebet, dem Ringen um eine gemeinsame Anschauung sind wir wohl beide ausgewichen.

Worum sollten wir denn – ehrlicherweise – bitten, so dass die ganze Gemeinde aus vollem Herzen AMEN sagen könne? Muss das Gebet aus „vollem, ungeteiltem" Herzen kommen? Bleibt nicht immer der Zwiespalt in der Beurteilung der Situation und dem, was von Gott zu erwarten ist? Hinter dieser Reflexion steht, was in der Ausarbeitung dann *Wirklichkeitsverständnis* heißt.

Die Situation hat sich meinem Gedächtnis eingeprägt und nachgewirkt. Sie hat die Frage provoziert: *Was wollen wir* (wenn wir beten)? Wie bildet sich der gemeinsame Wille, der sich dann im Gebet äußert, einen Ausdruck verschafft, dem die Gemeinde zustimmen und in den sie einstimmen kann. Also musste ich nach der WILLENSBILDUNG des Glaubens fragen

* * * * Eine andere Situation gehört ebenfalls zum Thema. Sie hat sich ebenso eingeprägt. Inzwischen habe ich dann schon in Cottbus gearbeitet. Zu der bewegten Zeit und den lebendigen Gemeinden gehörte auch ein *Ökumenischer Arbeitskreis*. Mitglieder daraus besuchten reihum eine evan-

gelische, freikirchliche oder katholische Gemeinde. Das Besuchsprogramm gehörte u. a. zur Konzeption des Kreises. Als eine Gruppe die Gemeinde in Sandow besuchte, kam es zu einem merkwürdigen und für mich unangenehmen Vorfall. Einer der Teilnehmer meinte in der Nachbesprechung zum Gottesdienst: „Ihr Pfarrer kann ja nicht beten". Was er damit meinte, blieb offen. Er hatte offenbar eine andere Vorstellung von Gebet und musste wohl im Gottesdienst eine Spannung gespürt haben, die die Äußerung und den damit verbundenen Konflikt ausgelöst hat. Verteidigen musste ich mich nicht, hätte ich sachlich in dem Augenblick auch nicht gekonnt, das besorgten wohlgesonnene Gemeindeglieder der Ortsgemeinde.

Aber – und das spiegelt dann auch eine der Merkwürdigkeiten im Lebenslauf wieder: Wenige Monaten nach dieser Begebenheit wurde mir der Vorsitz in der *Evangelischen Allianz von Cottbus* angetragen. Die ‚Allianz' war die Ökumene vor Ort – ohne Katholiken! Die Hauptaufgabe bestand in der Vorbereitung und Gestaltung der *Allianz-Gebets-Woche im Januar,* an der alle evangelischen und freikirchlichen Gemeinden beteiligt waren. Dazu waren die Orte und Dienste am jeweiligen Ort zu verabreden. Damit dies nicht nur eine organisatorische Aufgabe blieb, waren auch Zusammenkünfte zum Austausch über Erfahrungen und Ansichten nötig, um schließlich auch einen inneren, geistlichen Konsens zu wahren.

Diese Erfahrungen haben mich freilich von der nach wie vor bestehenden aktuellen Notwendigkeit überzeugt, über das Gebet – die Lehre vom Gebet – intensiv nachzudenken. Eine erste Anregung, eine Lehre, die ich daraus ziehen konnte war, wie die unterschiedlichen Frömmigkeitsformen, ihre Geschichte, wahrzunehmen und bewusst zu machen sind. Anderorts bewegte die Aktion *„Kein anderes Evangelium"* damals konfliktträchtig die Gemüter. Allemal gefährdeten die Unterschiede die Gemeinschaft.

Die biographischen Notizen zum Thema mögen die Themenstellung einsichtig machen. Sie deuten auch die Vielfalt der unterschwellig mitlaufenden Probleme an, z.B. das Selbstverständnis der Menschen mit ihrer unterschiedlichen Geschichte. Die soziologischen und psychologischen Komponenten des Menschenbildes müssen ebenso bedacht sein, wie die theologiegeschichtlichen Aspekte und ihre Wandlungen im Laufe der Zeit seit der Reformation. Die Aufarbeitung der Kenntnisse davon war eines. Aber

6

auch die geistliche, spirituelle Erfahrung, die zur Betrachtung und Reflexion erforderlich ist, fehlte.

Das Thema nun nach vierzig Jahren aufzunehmen mit der Erfahrung der Jahre macht die Arbeit nicht leichter – ist aber eines Versuchs wert. Die heutige geistige und geistesgeschichtliche Situation hat sich gegenüber den siebziger Jahren erheblich verändert. Deshalb kann es keine nahtlose Fortsetzung geben. Alle Probleme sind unheimlich diffiziler geworden und doch schwingen die alten Fragestellungen immer mit. In der – meist beziehungslosen – Vielfalt lässt sich ein ganzheitliches Konzept kaum noch gestalten.

Deshalb ist zunächst an eine Reihe von Meditationen zu einzelnen Aspekten des Themas gedacht. Inzwischen gibt es dazu eine Reihe neuer, interessanter Arbeiten. Der **Religionsbegriff** feiert neue Urständ. Die Sehnsucht nach mystischer Verklärung und darin waltender Suche nach Geborgenheit, die zunehmend kritische Distanz zur Tradition der Kirche nimmt auch innerhalb von Theologie und Kirche zu. Ein neuer militanter Atheismus lehnt nicht nur die Glaubensaussagen ab, er hat auch nicht mehr die Fähigkeit ihre Inhalte zu verstehen. Der Mangel an Bildung und Vermittlung weitet sich aus. Damit schwindet die Möglichkeit der Kommunikation zwischen den verschiedenen Positionen.

Dieser Hintergrund ist zunächst für das Thema auszuleuchten. Dann wird in diesem Kontext die nüchterne Frage nach der **Lebensbewältigung** in den vielfältigen Dimensionen des Lebens zu stellen sein, um nach einer zukunftsträchtigen Perspektive Ausschau zu halten.

Bei Frömmigkeit geht es um Lebensgestaltung. Sie ist heute weitgehend umstritten, jedenfalls sofern sie aus dem Glauben lebt, bzw. sich auf religiöse Erfahrung bezieht. Lebensgestaltung meint erleben und gestalten der Tage, Frömmigkeit als religiöse Koordinaten für Lebensgestaltung ist dabei vielfach diskutiert.

Säkularisierung

hat weniger die Funktion eines Filters, der Traditionsinhalte ausscheidet, als die eines Transformators, der den Strom der Tradition umwandelt.

(„Zeitzeichen" / Mai 2011 / S. 50)

Meditation II
Der Ort des Gebets / des Betens

Die **Lebensbewältigung** bestimmt den Ort des Betens. Dieser Ausgangs-punkt zur Eröffnung des Themas ist eine Entscheidung oder Wahl, in der freilich eine wesentliche Vorentscheidung getroffen ist. [1]

Bei Frömmigkeit geht es um Lebensgestaltung, sie ist heute weitge-hend umstritten, jedenfalls sofern sie aus dem Glauben lebt, bzw. sich auf religiöse Erfahrung bezieht. Lebensgestaltung meint erleben und gestalten der Tage. Frömmigkeit als religiöse Koordinaten für Lebensgestaltung ist dabei vielfach diskutiert

– Christlicher Glaube als Freizeitgestaltung, als Funktion der Kultur o.ä.
– Dabei gerät die weltgestaltende Kraft aus dem Blickfeld
– die prägende Kraft für das Berufsethos z.B.
– die Identität des Gemeinwesens (der Gesellschaft)

Lebensbewältigung bietet nun allerdings ein weites Feld. Dabei verweist der Begriff zunächst auf eine gewisse Aktivität. Wer ist das Subjekt dieser Aktivität? Die Antwort lautet: Der Mensch, die menschliche Person. Das Beten erweist sich als ein Tun, für das es keine Alternative gibt. Als ein-zigartiges Tun – so zunächst die Behauptung – kann es durch kein anders Handeln ersetzt werden.

Aber da meldet sich sofort der Einwand, um das Leben zu bewältigen, bedarf es einer vielfältigen Tätigkeit – von der frühkindlichen Nahrungs-aufnahme bis hin *zum täglichen Brot,* der späteren Beschaffung von den Dingen, die das Leben ermöglichen und sichern:

---

[1] Vgl. G. Ebeling, Dogmatik des christlichen Glaubens Bd. I / Hier wird das „Gebet als Schlüssel zur Gotteslehre" entfaltet – § 9 S. 195 ff. „Die Gotteserkenntnis wird hier (nach einer Aussage von S. Kierkegaard) weil als eine Sache des Lebens, als eine Sache des Gebets bestimmt. E. macht sich die Aussage zu eigen. Er macht damit auf einen inneren Zusammenhang aufmerksam, um den es mir ebenfalls geht. Auf andere Ansätze aus jüngster Zeit wäre hinzuweisen: z. B. R. Bohren, Das Gebet, 2003; H.O. Pesch, Sprechender Glaube, 1979 / Das Gebet, 1980

Essen und Trinken, Kleider und Schuh, Haus, Hof, Acker, Vieh, Geld, Gut, fromme Eheleute, fromme Kinder, fromme Gehilfen, fromme und treue Oberherren, gute Regierung, gut Wetter, Friede Gesundheit, Zucht, Ehre, gute Freunde und getreue Nachbarn und desgleichen.

Einen weiten Horizont schreitet Luther hier in der Auslegung der vierten Bitte des *Vater unsers* im *Kleinen Katechismus* ab. Er wiederholt mit kleinen Abweichungen, was schon in der Auslegung des Credo, zum 1. Artikel anklang.[2]

Hier aber wird all dem in seiner Weite der menschlichen Tätigkeit Gottes Handeln vorangestellt und somit dem menschlichen Handeln entzogen. – Das Sein des Menschen ist ein Geschaffen-Sein und alles, was zur Lebensbewältigung erforderlich ist, als G a b e hinzugefügt.[3]

Die menschliche Tätigkeit kommt dann erst gleichsam als Konsequenz zur Geltung. Die menschliche Tätigkeit entspringt aus der mit dem Geschaffen-Sein gesetzten Beziehung. Sie, die menschliche Tätigkeit kann nur Reaktion sein, als Verpflichtung anerkannt werden. Mit dem Geschaffen-Sein ist ein Status gestiftet, ein Darlehn eröffnet (die Begabung), für das Zinsen fällig werden – um im Bild der kaufmännischen Beziehung, nämlich der Schuld, der Vorgabe oder Vorleistung – zu bleiben. Hier ist also nicht an eine vorgängige Verfehlung gedacht.

Verfehlung geschieht erst, wenn die ‚*Schuld*' nicht abgetragen wird. Worin besteht die Verpflichtung – eben in der *dankbaren* Anerkenntnis der Vorgaben – der freudigen Bestätigung der Gaben im Lob des Gebers einerseits und andererseits im Dienst aneinander und füreinander. Interessant ist dabei ein Akzent, der irgendwie überschießt:

---

[2] Ich glaube, daß mich Gott geschaffen hat samt allen Kreaturen, mir Leib und Seele, Augen, Ohren und alle Glieder, Vernunft und alle Sinne gegeben hat und noch erhält; dazu Kleider und Schuh, Essen und Trinken, Haus und Hof, Weib und Kind, Acker, Vieh und alle Güter; mit allem, was not tut für Leib und Leben, mich reichlich und täglich versorgt, in allen Gefahren beschirmt und vor allem Übel behütet und bewahrt; und das alles aus lauter väterlicher, göttlicher Güte und Barmherzigkeit, ohn all mein Verdienst und Würdigkeit: für all das ich ihm zu danken und zu loben und dafür zu dienen und gehorsam zu sein schuldig bin. Das ist gewißlich wahr.

[3] Vgl. Klaus Peter Jörns, Lebensgaben Gottes feiern, Gütersloher Verlagshaus, 2007.

„für all das ich ihm zu danken und zu loben u n d dafür zu dienen und gehorsam zu sein schuldig bin."

Was meint in dem Zusammenhang *Gehorsam?* Neben dem Stichwort „Dienst" kann doch wohl nur an die zwischenmenschlichen, gesellschaftlichen Zusammenhänge gedacht sein – oder korrespondiert dies die menschlichen Beziehungen und das Gottesverhältnis übergreifend als Anerkenntnis der mit dem Leben gesetzten Verpflichtung? Dies muss an der Stelle nicht weiter verfolgt werden, weil es das Thema insgesamt darstellt und immer wieder zu bedenken sein wird.

Der Gedanke der Lebensbewältigung eröffnet eine vielfältige Spannung, zeichnet eine Struktur in die Existenz ein, die heute kaum nachvollziehbar erscheint, jedenfalls kaum noch akzeptiert ist. Die Einstellung, das Bewusstsein, das Luther hier im Blick hat, wäre wohl neu einzuüben – vielleicht zu proklamieren. Sie hängt in jedem Fall an der Evidenz der Beziehung, auf der Luther seine Reflexion gründet. Die Selbstverständlichkeit, mit der er dies vollzieht, ist uns heute weitgehend verloren gegangen. Unsere Erfahrungen verdecken freilich eben diese Evidenz. Der Zusammenhang der Gaben, die uns das Leben ermöglichen und sichern (sollen) mit dem *Geber aller guten Gabe,* lässt sich kaum noch wahrnehmen.

Gottes-(An-)Erkenntnis und unsere Erfahrungen widersprechen einander – seit langem – so radikal, dass sie nur noch gegeneinander wirksam oder ins Gespräch gebracht werden können. Wo doch gerade das Gebet in Dankbarkeit bzw. als Lob oder als Klage vermitteln sollte.

So bleiben zwei weitere Gedanken zu erörtern. Lebensbewältigung ist nicht nur ein Akt, eine Tätigkeit – sondern sie steht in einer steten Auseinandersetzung mit den lebensbedrohenden Vorgängen. Das Leben ist allemal gefährdet.

Die Lebensgefährdung abzuwehren bedarf aller Anstrengung; die Anstrengung zielt auf eine Geborgenheit, eine Sehnsucht nach Geborgenheit, die wiederum – um in dem Gefälle der Gedanken Luthers erst einmal zu bleiben – schlicht mit der Zuversicht ausgedrückt wird, dass ER uns *„in allen Gefahren beschirmt und vor allem Übel behütet und bewahrt."*

Doch die Erfahrung der Gefährdung des Lebens, die Erfahrung der Ohnmacht angesichts von Machtversessenheit, von totalitärer Machtentfaltung und Zerstörung des Lebens ist unserer Generation so mächtig ins Gedächtnis eingeschrieben, dass eine Lebensbewältigung nur noch möglich erscheint, wenn diese Erfahrungen (total, oder jedenfalls weitgehend) verdrängt werden.[4] Sie sind eingezeichnet in einen größeren geistesgeschichtlichen Zusammenhang, der gleichfalls unter dem Stichwort „Säkularisierung" firmiert. Dabei wird noch einmal deutlich, dass alles Lebensdienliche, die Vorgabe, bzw. die Einsicht in die Gaben Gottes wie die Gefährdungen des Lebens hochgradig problematisiert sind. Eine weitere biographische Erinnerung kommt mir dabei in den Sinn.

Im Rahmen der Arbeit bei der ‚von Cansteinschen Bibelanstalt' hatte ich zu einer Tagung eingeladen, Egli-Figuren zu erstellen. Das war eine etwas mühsame Arbeit. Die beweglichen Figuren eigneten sich aber sehr gut zur Darstellung biblischer Geschichten. Einstellungen von Zuneigung oder Abwehr, Stolz oder Verzweiflung, eben der Beziehung untereinander ließen sich damit gut inszenieren. Wir waren schon mitten in der Herstellung, das Material war verteilt und jede der wohl zwanzig Frauen beschäftigt, als eine der angemeldeten Frauen, etwas verspätet, dazu stieß.

Die Verspätung hatte eine konkrete Ursache; sie kam von einer Anti-Atom-Demonstration aus dem Wendland, sprich Gorleben. Castor-Transporte standen an. Sie erzählte sehr aufgeregt davon. Dies weckte sofort Erinnerungen an die Katastrophe von Tschernobyl – obwohl sie inzwischen fast zehn Jahre zurücklag. All die Ängste, Befürchtungen und Sorgen etwa der stillenden Mütter um die Kinder, auch die Frage ob sie unter freiem Himmel ungefährdet spielen könnten, um die Auswahl der Gemüse vom Markt usw. usw. waren sofort wieder präsent. Damit war der Verlauf der Tagung – die Spannung von Situation und biblischer Überlieferung bestimmt. Und der Prozess der Herstellung der Figuren ein hilfreicher Umstand, Distanz zur Situation zu gewinnen und die Emotionen zu verarbeiten.

Das selbstverständliche Vertrauen in Gottes Obhut zu stehen – sofern es für Luther wirklich noch selbstverständlich war – sind durch die Säkularisierung zerronnen. Darum bedarf es wohl eines neuen Bewusstseins, einer Bewusstseins – B i l d u n g, die zu einer wirksamen, neuen verantwortlichen M e i n u n g s – Bildung führt, der wiederum eine entsprechen-

---

[4] Die Gefährdungen haben grausige Namen: Verdun, Auschwitz, Hiroshima – und es lassen sich „Gott sei es geklagt" immer neue an die Seite stellen.

de W i l l e n s b i l d u n g entspricht. In diesem Dreiklang kann sich Lebensbewältigung erfolgreich vollziehen. Der Prozess, der dahin führt, das *innere Gespräch* des Menschen mit sich und das *öffentliche Gespräch* in der Gesellschaft haben eine besondere Qualität. Wie mühsam und langwierig er ist, muss nicht besonders erörtert werden. Die Modalitäten eines solchen Prozesses werden recht anschaulich durch den konziliaren Prozess belegt. Angesichts der Spannungen im Ost-Westkonflikt erinnerten sich die Ökumeniker an die Rede von Dietrich Bonhoeffer 1934 auf der Jugend-Konferenz in Fanö *„Die Kirche und die Völkerwelt"* und seine Forderung nach einem *„ökumenischen Konzil der Heiligen Kirche Christi".*[5]

Auf der *VI. Vollversammlung des ökumenischen Rates der Kirchen* in Vancouver (1983) regten die Vertreter der DDR-Kirchen solch ein Friedenskonzil an. Spätestens seitdem steht die Trias *Gerechtigkeit, Frieden und Bewahrung der Schöpfung* auf der Tagesordnung der Kirchen.[6] Nach umfangreichen Diskussionen redete man besser von einem *konziliaren Prozess.* Der Begriff *Konzil* war durch die orthodoxe Tradition so geprägt und darum für das Anliegen ungeeignet. Auf Anregung des Kirchentagspräsidiums (besonders Richard von Weizsäckers) wurden Anliegen, Absicht und Ziel neuerlich auf dem Kirchentag in Düsseldorf 1984 verkündet. 1988/1989 zunächst in der DDR mit den drei ökumenischen Versammlungen – Dresden (12.-15. Februar 1988) Magdeburg (8.-11. Oktober1988) und Dresden (26.-30. April 1989), dann auch auf europäischer (Basel) bzw. globaler Ebene (Seoul) kann dafür als Modell dienen. Ein erheblicher Leidensdruck hatte sich in der DDR aufgebaut und bestimmte weitgehend Lebensgefühl, Bewusstsein und die Einstellung der Menschen.

Aus dieser wachsenden Betroffenheit, die sich zunächst nur partiell und regional artikulierte, entstand eine Vernetzung der Gesprächsgruppen in allen Teilen der DDR, die nach einer Lösung der anstehenden Probleme suchten. Mit wachsendem Leidensdruck beschleunigte sich wohl der Prozess. Es bedurfte aber innovativer Impulse, die die Betroffenheit verarbeiteten. Solche Impulse waren im konziliaren Prozess nicht nur die Bedrohung des Lebens durch Atomwaffen sondern eben in besonderer Weise die Verkündi-

---

[5] Die Kirche und die Völkerwelt – Gesammelte Schriften Bd. 1 Ökumene, 1958
[6] Vgl. Gerechtigkeit, Frieden und Bewahrung der Schöpfung – Ergebnisse der Ökumenischen Versammlung von Dresden, Magdeburg und Basel

gung Jesu in der Bergpredigt, besser: eine permanente Auseinandersetzung mit der biblischen Botschaft, die in alle Lebensbereiche hineinspricht. *Gottes Ruf zur Umkehr – Umkehr in den Schalom – Umkehr als Bundeserneuerung der Kirche* bieten die Theologischen Grundlagen.[7] Der geschichtliche Hintergrund vor dem dieser Prozess lief (Kalter Krieg, KSZE- die **K**onferenz für **S**icherheit und **Z**usammenarbeit in **E**uropa) und immer wieder voran getrieben oder gestört wurde, kann hier nicht entfaltet werden, ebenso wenig wie die Folgen in der Auflösung der Militär-Blöcke und dem Zusammenbruch der SU. Dass der Prozess ein Ergebnis mit globalen Folgen und vielleicht sogar unerwarteten Auswirkungen hatte, gerät durch den Fortgang der Geschichte schon wieder in Vergessenheit. Wie krank das marktwirtschaftliche System inzwischen ist, wird an der sog. Bankenkrise seit 2008 evident. Sie erstreckt sich in alle Lebensbereiche – ins Gesundheitswesen, ins Bildungswesen usw.

Hier bedarf es nun einer neuen Orientierung. Die Fülle von Informationsangeboten – besonders über die digitalen Medien – gibt Anlass zu der Frage, ob sich darin ein neues Bewusstsein – eine wirksame Meinung bildet, die auf lebensdienliche Veränderungen zielt. Dies ist der heutige Hintergrund für eine umfassende und global nötige Lebensbewältigung. Das dazu nötige Gespräch würde ich als *Gebet im umfassenden Sinne* bezeichnen.

---

[7] A.a.O., S. 18 ff.

13

Meditation III
Horizontale – Vertikale[1]

In der Diskussion um die rechte Frömmigkeit spielten die beiden Begriffe „Horizontale – Vertikale" in den siebziger Jahren des vergangenen Jahrhunderts eine wichtige Rolle. Die einen mahnten die gesellschaftspolitische Verantwortung der Christen an, also ein Wirken (Aktion) in der Horizontalen – andere verlangten in Gebet und Bekenntnis zum Evangelium alles Augenmerk auf die Gottesbeziehung zu richten (Kontemplation), das Leben also vertikal zu orientieren. Mein Credo war immer, beides nicht auseinander zu reißen. Der Ort des Christen ist im Schnittpunkt der Horizontalen und Vertikalen, also im Kreuz bzw. ‚unter dem Kreuz' verankert. Ähnliches muss wohl Dietrich Bonhoeffer gedacht haben, wenn er in den *Gedanken zum Tauftag* 1944 schreibt: „. . . *unser Christsein wird heute nur in zweierlei bestehen: im Beten und Tun des Gerechten unter den Menschen.*"[2]

Der Einsatz, das Engagement, in den Konflikten der Zeit, lässt sich nur durchhalten, wenn mir die Energie dazu immer wieder zugeführt wird, als **Orientierung** an der Schrift, in der **Gemeinschaft** der Glaubenden und der **Hoffnung** auf Gottes Reich, das in seinem Wirken in der Geschichte aufleuchtet und in vielfältigen Erfahrungen vorweggenommen wird. Ohne das Engagement aber verkommt die vertikale Ausrichtung in einem faden Heilsegoismus. Eine Balance beider Aspekte – Aktion und Kontemplation – ist nicht ein für alle Mal erreicht, sondern muss immer wieder neu errungen werden. In der Gegenwart spielen die beiden Begriffe kaum noch eine Rolle. Das neue Thema heißt ‚Wiederkehr der Religion' oder ‚De-Säkularisierung' – ‚Spiritualität' oder ‚Mystik'. Diesen Wechsel kann ich nur staunend zur Kenntnis nehmen. Zwei Impulse haben mich – und gewiss weite Teile meiner Generation geprägt: Einerseits, durch die Schule, die *marxistische Religionskritik.* Anderseits, der befreiende Ansatz Diet-

---

[1] aus: Wolfgang Triebler, Ein Kind seiner Zeit – Biographische Notizen, 2009
[2] So in: *Widerstand und Ergebung,* München, 1955

14

rich Bonhoeffers mit der Aufgabe einer *nicht religiösen Interpretation biblischer Begriffe* und der *Betrachtung der mündigen Welt.* Vor diesem Hintergrund nimmt sich die gegenwärtige Gesprächslage sehr merkwürdig aus. Die meist sehr verengt vorgetragene marxistische Religionskritik machte einst neugierig, wie das denn im Original bei Marx aussah: ‚Religion ist Opium für das Volk', so hieß das Schlagwort, mit dem alle anderen Argumente (und manchmal nicht nur diese) erschlagen wurden. Bei Marx aber heißt es:

Religion ist der Seufzer der bedrängten Kreatur, das Gemüt einer herzlosen Welt, wie sie der Geist geistloser Zustände ist. Sie ist das Opium des Volks. Religion ist Ausdruck und Protest des wirklichen Elends der Massen.

Die Äußerungen stammen aus dem Jahr 1844, also noch vor den revolutionären Märztagen 1848, vor der sog. (Bismarckschen) Reichsgründung 1871, vor den schrecklichen beiden Weltkriegen 1914/18 und 1939/1945 und welche prägenden Ereignisse noch dazwischen liegen mögen.

Die **Aufbrüche** verbinden sich mit Jahreszahlen: So **1918,** mit der Ausrufung der Demokratie, mit **1945,** dem Zusammenbruch des Faschismus und dem Aufbruch in eine freiheitliche, demokratische Grundordnung und dem Wirtschaftswunder, sowie dem Versuch einer neuen, gerechten Gesellschaft in der DDR, mit **1968** in der CSSR, dem Versuch einer sozialistischen Gesellschaft mit menschlichem Antlitz. Immer wieder wurden Visionen entfacht und Hoffnungen geweckt und immer wieder e n t t ä u s c h t.

Der kalte Krieg, der Streit um die atomare Bewaffnung Deutschlands und die Katastrophe von Tschernobyl 1986, die den Fortschrittglauben und den Machbarkeitswahn in die Grenzen wiesen, haben allerorts vornehmlich in den Köpfen und Herzen Spuren hinterlassen.

Ängste sind aufgebrochen und werden seitdem immer neu angefacht durch Arbeitslosigkeit, durch um sich greifende, tiefgehende Konflikte zwischen Völkern und Kulturen, jüngst durch Furcht vor dem Klimawandel und den Folgen der Globalisierung.

Wenn die Religion die *Seufzer der bedrängten Kreatur* kanalisiert, statt zum Protest gegen eine herzlose Welt zu ermächtigen – bleibt Religion *Opi-*

um des Volks.[3] Bedrängt uns nicht heute ebenso der Geist geistloser Zustände?

Mit dem **Jahr 1989** ist auch die letzte Vision einer humanen Welt erloschen: Der Sozialismus ist vergangen, *der Kapitalismus hat nicht gesiegt, er ist übrig geblieben,* so lauten die Sprüche.[4]

Just in dieser Zeit bricht die Rede von der Wiederkehr der Religion auf. Sollte dieser Zusammenhang zufällig sein? Freilich kann keine eindimensionale Kausalität abgeleitet werden. Die Phänomene sollen nur aufmerksam machen und keine vorschnellen Schlüsse freisetzen. Welche Akzente bewegen die gegenwärtige Frömmigkeit? Die Intention beschreibt exemplarisch M. Nüchtern[5]:

„Für viele ist der Überort das eigene Selbst, ein Ideal-Ich, das sie als Allerheiligstes schützen möchten, vielleicht gerade deshalb, weil sie es als so bedroht erleben. Der Kult des eigenen Lebens hat an Boden gewonnen."

„Das eigene Leben ist der Versuch und die Versuchung, in sich selbst Grund, Kraft, Ziel der Selbst- und Weltgestaltung zu finden", schrieb einst der Münchener Soziologe Ulrich Beck. Religion gibt dem Wunsch, der Hoffnung oder dem Vertrauen Ausdruck, dass es noch anderes geben möge als die Alltagswirklichkeit.

Je unbefriedigender oder krisenhaft bedrohter der Alltag erlebt wird, desto stärker meldet sich die Sehnsucht nach Religion (sic !).

Mit anderen Worten und in eine andere Zeit übertragen ist das genau die Intention, die Karl Marx zum Ausdruck gebracht hat. Nun ist heute nicht Religionskritik gefragt – die gibt es nach wie vor und vielleicht radikaler als einst – es geht vielmehr um **Lebensbewältigung** in vielfältigen Krisenerfahrungen.

---

[3] Vgl. Karl Marx, Zur Kritik der Hegelschen Rechtsphilosophie, in: Marx/Engels, Über Religion, S. 30 f.

[4] Die Erfahrung des Jahres 2009, die sog. Finanzkrise, wirft noch einmal ein neues Licht auf ein brüchiges System

[5] Aus: Michael Nüchtern, Eine wählerische Gottessuche – Immer individueller soll der Glaube sein, immer kirchenferner die Gesellschaft. Die Religionen müssen auf ungewohnte Erwartungen eingehen. DS Nr. 32, 9. Aug. 1996, S. 25

Zu den individuellen Krisenerfahrungen kommen gesellschaftliche Wünsche, die sich im bunten Kanon der neueren religiösen Angebote prompt niederschlagen. Aus Angeboten und Werbezetteln der neuen religiösen Gruppen lassen sie sich leicht erheben:
- die Sehnsucht nach der heilen Gemeinschaft in einer anonymen Gesellschaft;
- die Sehnsucht nach „Ermächtigung" angesichts täglicher Ohnmachtserfahrung;
- die Sehnsucht nach Meister/Mutter/Magier im glanzlosen Alltag;
- die Sehnsucht nach der einen erklärenden Sicht oder Geschichte in der unübersichtlichen Welt.

Die religiösen oder meditativen mystischen Angebote mögen ihre therapeutische Wirkung nicht verfehlen. *Sehnsucht,* welch ein schillerndes und fragwürdiges Interpretament von Religion. Der Begriff gehört doch mehr in die Anthropologie als in die Theologie. Angesichts von Leistungsdruck, der Hektik, einer allgemeinen Beschleunigung der Veränderungen, angesichts von Mobilität und Konsum bedarf der Mensch, jede Person, einer steten Stabilisierung – einer wachsenden Ich-Stärke, um seine Identität nicht zu verlieren. Wohin aber komme ich, wenn ich zu mir selbst komme: in einen blühenden Garten oder in eine Rumpelkammer, in der die tägliche Bilderflut aus den Medien abgelegt ist? Wo erfahre ich eine Antwort auf meine Frage: Wer bin ich?

Dies hat mich immer wieder umgetrieben. In meinem Nachdenken bleibt es ein unauflöslicher Gegensatz – besser: eine notwendige Unterscheidung.[6] Überzeugend beschrieben z. B. von Jörg Zink.

---

[6] „Gott" als das große Du ist mir bis zum heutigen Tag nur das eine von zwei Bildern von Gott, die nicht auszugleichen und zu verbinden sind, die aber beide ihre Zeit und Stunde haben, in der sie ihre Wahrheit zeigen. Gott, so meinte ich auch damals schon, sei nicht nur mir gegenüber, sondern vor allem um mich her, und ich lebte in ihm. Wie der Fisch im Meer oder der Vogel in der Luft. Ich wusste mich schon als Kind auf eine kaum beschreibbare Weise von ihm umgeben wie von allen Dingen und Elementen dieser Welt. Ich war mir sicher: Ich brauchte nicht mit ihm zu reden. Er war um mich, und er war in mir, und wie jedes Blatt sein Ort war, so war auch jeder Gedanke in mir: Ort seiner Gegenwart." J. Zink im Gespräch mit Meinold Krauss, Das innere Wort steht über dem äußern Wort, in: Publik-Forum-Extra, Mystik, die Glut Gottes erfahren

„Gott, so meinte ich auch damals schon, sei nicht nur **mir gegenüber**, sondern vor allem **um mich her, und ich lebte in ihm**. Wie der Fisch im Meer oder der Vogel in der Luft. Ich wusste mich schon als Kind auf eine kaum beschreibbare Weise **von ihm umgeben wie von allen Dingen und Elementen** dieser Welt."

Der Mystik, dem inneren Wort, mochte ich nicht trauen, wenn es nicht im Gespräch mit dem Wort der Schrift abgelauscht oder abgerungen war und mir konkret je und dann z u g e s p r o c h e n wird. Die Anschauung, die Erfahrung aus dem Alltag war zu stark, der Verdacht zu groß, dass jene Spiritualität die Weltverantwortung verdrängt. Die Ortsanweisung, im Schnittpunkt von Horizontale und Vertikale zu leben, galt mir immer als wichtiger und klarer. Jüngst kam eine neue Erkenntnis hinzu, die sich nur schwer entkräften lässt.[7]

Der **Monotheismus**, wie er sich seit frühen Tagen in Israel entwickelt hat und eine Grundentscheidung auch im christlichen Glauben geblieben ist, hat eine radikale Unterscheidung von Gott und Welt nach sich gezogen. Sie lässt sich nicht einfach rückgängig machen. Dies macht es nun heute außerordentlich schwer, die Gottesbeziehung in den mich umgebenden Dingen wahrzunehmen.

Die *mystische Einsicht … von der kaum beschreibbaren Weise von Gott umgeben zu sein, wie von allen Dingen und Elementen dieser Welt* (J. Zink) lässt sich nicht beliebig reproduzieren, ohne auf das äußere Wort (extra nos) zu hören. Dies – so scheint mir – wird häufig übersehen bzw. im Alltag verdrängt. Eine weitere Erfahrung drängt sich auf. Mehr als früher hatte unsere Generation enorme **Veränderungen** zu verkraften. Erste Notizen dazu stammen aus früher Zeit Unter dem Stichwort „Wandlungen" sind Gedanken zur Eschatologie festgehalten – einem Lehrstück der systematischen Theologie. Aus der Studienzeit klingen Begriffe der Auslegung neutestamentlicher Texte nach: ‚Naherwartung' einerseits oder ‚Parusieverzögerung', letzterer ein Begriff für die Enttäuschung der Naherwartung, des ausbleibenden Wiederkommens Christi und der Vollendung der Welt. Vielfach sind die Begriffe abgewertet, in die theologische Fachsprache verdrängt und werden ansonsten übergangen. Damit verliert aber auch die Ge-

---

[7] Vgl. Jan Assmann, Die mosaische Unterscheidung oder der Preis des Monotheismus hat 2003 den Gedanken ins Rollen, ins Gespräch gebracht

schichte ihren theologischen Stellenwert. Gewiss ist die ‚Geschichtstheologie' für säkulare politische Zwecke missbraucht und insofern diskreditiert. Damit ist aber das Problem nicht beseitigt. Im Blick auf das Kirchenverständnis, das mich in den letzten Jahren intensiv beschäftigt hat, habe ich mich gefragt: Hat die Vielfalt der Kirchen etwas mit Gottes Willen zu tun.[8]

Oder zeugt die Vielfalt nur von einem Mangel an Verständnis für den anderen oder einem Mangel an Kommunikation mit dem Ziel der SELBST-Behauptung? Ist die V i e l f a l t Ausdruck einer notwendigen geschichtlichen E n t f a l t u n g oder fehlt der Respekt für die unterschiedlichen Erfahrungen des anderen?[9] In der Gesellschaft spielt das kulturelle Gedächtnis (nach den Arbeiten von Jan Assmann) eine erhebliche Rolle. Wichtiger noch als die wissenschaftstheoretische Frage bleibt die Frage nach dem Umgang mit der jüngsten Geschichte, z.B. die Stellungnahme zu den Entscheidungen oder Verfehlungen ihrer Protagonisten.[10] Nach 1990 hat sich wiederholt, was schon nach 1945 ein Problem war. Unter „Entnazifizierung" sollten die Verhaltensweisen und Verfehlungen zwischen 1933 und 1945 geprüft und geahndet werden. Heute lehnen sich (rechte) Jugendliche auf, wenn die Großväter immer noch für Taten verurteilt werden, *wo sie doch nur den Befehlen gefolgt sind.*

Wer meinte, dass die Fragen durch die sog. ‚68ziger' hinreichend diskutiert worden sind, der irrt, wie sich zeigt. In der hitzigen Debatte um *Stasiverstrickungen* in der DDR-Zeit von Funktionsträgern heute (sei es im

---

[8] Die Trennung um 1054 in Ostkirche (Orthodoxie) und Westkirche (römisch-katholisch), die Spaltung in der Reformationszeit im 16. Jahrhundert in Katholische und Protestantische Kirchen, die Aufsplitterung in viele Denominationen seit dem 18. Jhd. – ebenso wie die Bemühungen um eine neue Gemeinschaft in der Ökumene – bezeichnen Veränderungen grundsätzlicher Art. Hat die Vielfalt der Kirchen etwas mit Gottes Willen zu tun? Oder zeugt die Vielfalt nur von einem Mangel an Verständnis füreinander oder einem Mangel an Kommunikation? Ist die Vielfalt Ausdruck einer geschichtlichen Entfaltung oder Ausdruck eines Überschusses an jeweiligem Geltungsanspruch? Aus: Gestaltwandel, Die Kirche, 2004

[9] Hier wäre Walter Hollenweger, Wie aus Grenzen Brücken werden, Kaiser-Verlag, 1980, ausführlich zu zitieren

[10] Die *Stuttgarter Schulderklärung* von 1945 oder das Darmstädter *Wort des Bruder-Rates* von 1947 sind kaum noch im Bewusstsein. Wie groß die Nachwirkungen auf die gegenwärtigen Veränderungen, z. B. den Mitgliederschwund in den Kirchen ist – und die darin verborgenen Glaubwürdigkeitslücke – all das ist kaum untersucht.

Sport, in der Kultur oder in der Politik) kann man sich nur wundern: In allen Diskussionen wird verdrängt, dass die DDR eine Folge der unseligen Diktatur des dritten Reiches und seines Krieges war. **Antikommunismus** gedacht oder gelebt, verdeckt nur den Mangel an Geschichtsbewusstsein. Die heutige Polemik gegen *die Linke* ist genauso geschichtsvergessen wie die Ignoranz *der Rechten*.[11] Das Geheimnis der Geschichte – etwa: warum so viele gut gemeinte Aktionen immer wieder scheitern (wie etwa der 20. Juli 1944) bedarf der Reflexion, der theologischen Betrachtung. Der Hinweis auf die Veränderungen ist freilich umfangreicher als dies in den politischen Dimensionen erkennbar ist. Die rasante Entwicklung der ‚technischen Errungenschaften' ist uns kaum bewusst. Großvater (Jg. 1877) war einst erstaunt über die Radiotechnik – der Enkel hat Mühe, die jeweils neueste Variante der Informationstechnik auch nur wahrzunehmen. Das alles ist freilich sehr fern von der biographischen Erinnerung. Dabei denke ich jetzt an letzte Gespräche mit Vater (Jg. 1904). Die einstigen Vorhaltungen des Schülers („was habt ihr vor Moskau zu suchen gehabt") sind längst verklungen. In einem Gespräch erzählte Vater in den letzten Wochen seines Lebens von seinem Vater, Paul (meinem Großvater, väterlicherseits, 1869 – 1938), wie er sich mühsam vom einfachen Landarbeiter zum Stadtschreiber, erst bei den Herren zu Pförten (heute Lubsko in Polen) und dann in Forst hochgearbeitet hat. Den Kindern hat das aber nicht geholfen, im Gegenteil.

Der älteste Sohn, Gerhard, Lehrer, bekam in Forst keine Anstellung und musste nach Küstrin, relativ weit entfernt, ausweichen. Auch der zweite, Helmut, im Bankgewerbe tätig, hatte als Sohn eines ‚Aufsteigers' keine Reputation für eine Anstellung bei der Sparkasse, und ging deshalb nach Allenstein/Ostpr. Der jüngste, Günter, hatte mit seinem Geschäft als junger Bäckermeister und Konditor keine Chance gegenüber der alteingesessenen Konkurrenz. Überholtes Standesdenken?! Mögen das für Vater in der Erinnerung schmerzliche Erfahrungen – und deshalb vielleicht auch überzeichnet – gewesen sein, sie haben mich beeindruckt, weisen sie doch in ein geschichtliches Feld, das so kaum noch wahrgenommen wird. Dabei wur-

---

[11] Der Zorn auf Oskar Lafontaine und seinen Abgang aus der Regierung Schröder erklärt die Polemik allein keineswegs

de mir noch einmal – wie in vielen Kondolenzgesprächen der beruflichen Praxis – deutlich, welchen Belastungen und Härten diese Generation ausgesetzt war. Hunger und Arbeitslosigkeit nach dem ersten Weltkrieg und die Weltwirtschaftskrise 1929 ff., sind einige Stichworte.

Dann folgten Hoffnungen und Erwartungen, mit den Umbrüchen von 1933 verbunden und schließlich die Enttäuschungen im und nach dem zweiten Weltkrieg, gesundheitlich angeschlagen und psychisch stark verunsichert – wie viele – kam Vater aus der Kriegsgefangenschaft. Wo gab (und gibt es heute) Angebote die **Erfahrungen der Ohnmacht** im gesellschaftspolitischen Umfeld zu bearbeiten? Dies ist mir noch einmal eine Dimension von Geschichte, die in der Öffentlichkeit wenig Aufmerksamkeit findet. Zugleich ist dies der Ort an dem sich das Gebet bewähren müsste. Die Begriffe „Horizontale" und „Vertikale" haben einen weiten Horizont umrissen. Welterfahrung und Gottesbeziehung sind im Bewusstsein vieler Menschen weit auseinander gefallen. Deshalb darf der Bezug zur Geschichte und unsere Lebensbewältigung nicht fehlen.

Der Ort des Christen ist im Schnittpunkt der Horizontalen und Vertikalen – also im Kreuz – bzw. ‚unter dem Kreuz' verankert. Um an diesem Ort auszuhalten, *standzuhalten* und nicht zu fliehen, bedarf es wohl immer wieder der Hoffnung und der Vergewisserung des Glaubens. Die geistige Haltung für diesen Zusammenhang wird heute meist mit Spiritualität bezeichnet.

Meditation IV
Über das Beten zu reden fällt schwer

„Über das Beten zu reden fällt schwer... Wie ja auch das Gebet selbst mehr und mehr zu verstummen scheint." Warum das so ist, bedenkt Gerhard Ebeling, einer meiner theologischen Lehrer, in einer umfangreichen Studie 1973.[1] Im Akt des Betens ist – wie im Lebensvollzug überhaupt – immer schon eine Intention auf eine Grundgewissheit impliziert, aber auch in Frage gestellt. Die Besinnung darüber führt auf eine Reihe von Widersprüchen.

„... eine dritte Quelle... der sie (die Widersprüche) entspringen, ist das Leben selbst. Der Mensch ist mit sich uneins., er ist mit sich nicht im reinem, er lebt im Selbstwiderspruch... Er muss darauf sehen, wie er mit sich zurechtkommt; sich fragen, was er gilt, wissen wer er ist... Diese Zwiespältigkeit durchdringt alle Lebensvorgänge... dieser ungeheure Komplex der Widersprüchlichkeit ist es doch, was zum Gebet treibt und in ihm zum Ausdruck kommt."[2]

„Der Mensch ist mit sich uneins..." lautet ein Kernsatz aus dieser Betrachtung zum Gebet. Es ist eine Aussage über das Menschsein. Aus der umfangreichen Besinnung will ich zunächst dieser Aussage nachgehen. Es möge so etwas wie eine Tür sein für einen Raum, in dem sich mehr Einsichten versammeln. Auf den ersten Blick wirkt der Satz ärgerlich, immer aufs Schlimme, denke ich. Und stimmt das denn so pauschal und grundsätzlich? Jedenfalls möchte ich nicht immer daran erinnert werden. Oder steckt in den Einwänden doch schon eine heimliche Bestätigung?

Bert Brecht hat mit dem Stück „Der gute Mensch von Sezuan" für die Zwiespältigkeit ein anschauliches Beispiel auf die Bühne gebracht. Diesen Satz *„Wer den Verlorenen hilft, ist selbst verloren"*[3] lässt Bertolt Brecht in

---

[1]   G.Ebeling, Das Gebet, in: WuGl. Bd. III, S. 405 ff.
[2]   Ebenda S. 412
[3]   Vgl. dazu: Wer den Verlorenen hilft, ist selbst verloren, in: Potsdamer Kirche, Nr. 15 vom 15. April 1973 ein Beitrag zum Themenkreis: Die Rechtfertigung und die Welt – im

seinem Parabelstück, ein Freudenmädchen sprechen. Drei Götter suchen den „guten Menschen". Was sie finden, ist eben dieses Mädchen. Es beherbergt sie und bekommt dafür – als Starthilfe für ein neues Leben – ein kleines Kapital.

Doch allzu schnell verzehrt sich die Investition der Götter. Um das Kapital zu wahren und zu mehren, schlüpft das Freudenmädchen in die Rolle des Ausbeuters Shui Ta. Dieser Mensch, hin- und hergerissen zwischen Nächstenliebe und Sicherung der eigenen Existenz auf Kosten anderer, das ist das einzige, was die Götter auf ihrer Suche finden. Damit ‚getröstet' können sie verkünden:

„Leider können wir nicht bleiben...
Drum müsst ihr uns gestatten, heimzugehen in unser Nichts. "

Was bietet Brecht hier? Eine Parodie auf ein christliches Thema? Wohl kaum, eher eine Frage, eine dramatisch entfaltete Frage. Auf welche Weise man dem guten Menschen zu einem ‚guten Ende' helfen kann? Was könnte die Lösung sein? Soll es ein anderer Mensch sein? Oder eine andere Welt? Vielleicht nur andere Götter? Oder keine?

Man sehe sich dieses Stück an – oder lese es und lasse sich von den bohrenden Fragen anstecken. Vielleicht sollten sich die Christen gelegentlich von solchen bohrenden Fragen zur Sache rufen lassen und im Gespräch überprüfen, wie weit ihre Begriffe durch die Wirklichkeit gedeckt sind. Eindringlich und kürzer hat es Johann Wolfgang von Goethe im *Faust* mit seiner Klage ausgesprochen: *„Zwei Seelen wohnen ach, in meiner Brust. "* "Mensch – Welt – Gott", „der gute Mensch" – ein „gutes Ende". Diese Worte weisen in ein Feld, das die theologische Fachsprache mit *„Rechtfertigung"* umschreibt, zugleich geht es um die Perspektive des Menschseins, ein Thema des Glaubens – vielleicht sogar d a s Thema des Glaubens. Das war in den s i e b z i g e r Jahren der Horizont des Fragens. Einst wie heute geht es um den Gottes-Bezug, den gestörten, vielleicht verlorenen oder vergessenen Gottes-Bezug.

Vorfeld der Gespräche um die ‚Leuenberger Konkordie', Nachgedruckt in: W. Triebler, Säen hat seine Zeit – Ernten hat seine Zeit, 2002

Ein Blick auf den öffentlichen Diskurs in maßgeblichen, meinungsbildenden Publikationen zeigt, wie das Thema die Menschen bewegt und beunruhigt.[4] Die abendländische, christliche Überlieferung hat ihre Plausibilität verloren. Der Widerspruch gegen einzelne, meist unverstandene Aussagen der Dogmatik wächst.[5] Die Begegnung mit Gläubigen aus anderen Religionen und Kulturbereichen stellt eine enorme Herausforderung dar. Der Unterricht im christlichen Glauben, die Bildung durch Predigt und Katechese bei Jugendlichen wie bei Erwachsenen kommt den Anfragen und Zweifeln nicht nach. So entsteht ein diffuses Bild vom christlichen Glauben. Sich gegen die Fragen abzuschotten ist auf die Dauer keine Lösung. Gleichwohl gibt es einen ebenso großen Strom von Bemühungen, eine Antwort auf bedrängende Frage des Lebens zu finden. Die Quellen der mittelalterlichen christlichen Mystik sollen helfen, eine neue Spiritualität zu entwickeln.[6]

Wohin lässt sich ein Anker werfen, um von einem Punkt aus neu Orientierung zu finden und neu für sich selbst Frömmigkeit zu gestalten. Die Wahl fällt zunächst auf den schon zitierten Satz von Gerhard Ebeling. „Der Mensch ist mit sich uneins … " Er entfaltet die Frage weiter: Der Mensch muss darauf sehen, wie er mit sich zurechtkommt, sich fragen, was er gilt, will wissen wer er ist.

In den Bemühungen zur L e b e n s g e s t a l t u n g geht es immer auch um **Anerkennung**. Dass die Leistungen anerkannt werden, aber mehr noch, dass der Mensch noch vor seinen Leistungen als Person anerkannt, angenommen, geliebt wird. Die Erfahrung solcher Anerkennung begründet ein Selbstbewusstsein, das der Person Halt und Orientierung gibt, bzw. **Identität** stiftet. Dies ist ein lebenslanger Prozess; viele Faktoren wirken darauf ein. Immer schwingt die Sehnsucht mit, den bewussten und unbewussten Selbstwiderspruch zu überwinden, mit sich selbst eins zu werden. Die vielfältigen psychologischen und / oder ethischen Probleme mögen hier zu-

---

[4] Vgl. Was Atheisten glauben, DIE ZEIT Nr. 37 vom 9. September 2010
[5] Vgl. G. Schnädelbach, Die sieben Todsünden des Christentums oder Richard Dawkins Gotteswahn, 2007
[6] Thea Dorn stellt sich lieber viele Götter vor, in: Chrismon. Das evangelische Magazin, 10/2007

nächst auf sich beruhen.[7] Hier frage ich erst einmal, ob und wie in diesem Prozess der **Gottesbezug** wirksam ist. Interessanter Weise hat Bertolt Brecht diese Frage sehr grundsätzlich thematisiert:

Soll es ein anderer Mensch sein? Oder eine andere Welt? Vielleicht nur andere Götter? Oder keine?

Alle vier Varianten werden in den geistesgeschichtlichen Wandlungen unserer Tage diskutiert. Ein Begriff, unter dem sich die Aspekte sammeln, heißt seit langem *Säkularisierung*.

Der Begriff benennt einen oft verborgenen Prozess, der aber das Bewusstsein der Menschen intensiv bestimmt und schon lange tief geprägt hat. Viele haben wohl an diesem Prozess mitgestrickt. Einige Impulse sollen darum hervorgehoben werden. Umfang und Weite der Reflexion dieser Impulse ist für den einzelnen „unübersichtlich" und äußerst vielfältig geworden und die Rezeption der geistesgeschichtlichen Positionen von Aristoteles über viele Stationen bis in die Gegenwart ist kaum nachvollziehbar.

Max Weber, einer der Begründer der Soziologie, sprach nach dem ersten Weltkrieg von der *Entzauberung der Welt*. Wissenschaft und wissenschaftlich orientierte Technik haben über viele Generationen hinweg die Auffassung genährt, „dass man alle Dinge – im Prinzip – durch Berechnen beherrschen könne."

Damit würde die technische Rationalität der Wissenschaft zum Prinzip der Wirklichkeitsdeutung im Ganzen. Der Mensch in früheren Zeiten, bzw. jenseits der Moderne, sah die Wirklichkeit von geheimnisvollen Mächten bestimmt, denen gegenüber er zu magischen Mitteln greifen muss, um die Geister zu beherrschen oder zu erbitten. So resümiert Christoph Schwöbel.[8]

Mit dieser Entzauberungsdimension, wie sie Max Weber sieht, stellt sich der Verlust von traditionellen Sinneinheiten ein. Die Welt ist gestaltbar, den Möglichkeiten aber folgen ambivalente Erfahrungen. Emanzipations-Vorgänge, die Herauslösung aus traditionellen Herrschafts- und Versorgungszusammenhängen lösen Verunsicherung und Ängste aus.[9] Die Be-

---

[7]   Die breite Diskussion wird intensiv geführt in: Publik-Forum
[8]   Christoph Schwöbel, Wiederverzauberung der Welt, in: Beiheft BThZ, 2006, S. 58 ff.
      Dort ausführlich zur Bedeutung von Max Weber für diesen Prozess.
[9]   So Ulrich Beck mit dem Stichwort Risikogesellschaft

deutung für die Ethik, für die Lebensgestaltung und die Gesellschaftsstruktur mag hier auf sich beruhen. In diesem Prozess aber lässt sich *Gott als Geheimnis der Welt*[10] nicht mehr denken, geschweige denn erfahren. Es sei denn der benannte Prozess wird geistlich überholt. **Sören Kierkegaard** (1813–1855) meinte einst recht provokant: „Gottes zu bedürfen ist des Menschen höchste Vollkommenheit"[11]

Das Zitat verweist noch einmal auf den intensiven Zusammenhang zwischen dem Selbstverständnis des Menschen und seinem Gottesbezug, der in einer langen Geschichte so strittig geworden ist.

Wie alt möglicherweise dieser Streit ist, hat **Jan Assmann** untersucht. Von Hause aus Ägyptologe, hat er *Beobachtungen zur Erinnerungskultur* angestellt und die ägyptische Art mit der der biblischen und griechischen Kultur verglichen. Ein Ergebnis dieses Vergleiches hat er unter dem Titel „Die Mosaische Unterscheidung – oder der Preis des Monotheismus" veröffentlicht.[12] Diese Unterscheidung impliziert eine radikale Unterscheidung von Gott und Welt.

Der Monotheismus wendet sich gegen die Vergöttlichung der Welt, die eine Vergöttlichung der Herrschaft einschließt (S. 83). Die Entdeckung einer – wenn auch kurzen – Phase in der ägyptischen Religionsgeschichte hat seine Neugier verständlicherweise auf Entwicklungsspuren des Monotheismus in Israel gelenkt – und eine mögliche Abhängigkeit des Moses von Ägypten vermuten lassen – *Moses der Ägypter.* Die Gegenposition zum Monotheismus behauptet nicht etwa „Gott ist die Vielheit", sondern „Gott ist Einer und Alles". Deshalb ist es falsch, sie mit dem Ausdruck Polytheismus zu belegen.[13]

---

[10] Eberhard Jüngel, Gott als Geheimnis der Welt–Zur Begründung der Theologie des Gekreuzigten im Streit zwischen Theismus und Atheismus, Tübingen, 1977

[11] So der Titel der Podiumsdiskussion zum Schluss der Vorlesungsreihe ‚Gott der Philosophen – Gott der Theologen', vgl. Beiheft zur BThZ, 1999

[12] Jan Assmann, Die Mosaische Unterscheidung – oder der Preis des Monotheismus, Edition Akzente, Hanser, 2003

[13] „Dabei geht es nicht so sehr um die Unterscheidung zwischen dem einen Gott und den vielen Göttern, sondern um die Unterscheidung von wahr und falsch in der Religion, zwischen dem wahren Gott und den falschen Göttern, der wahren Lehre und den Irrlehren, zwischen Wissen und Unwissenheit, Glaube und Unglaube" S. 12. Dieser Akzent wird in der Diskussion meist besonders hervorgehoben und mit der Frage nach der Friedensfähigkeit der Religionen verknüpft.

Nicht auf die Vielheit des Göttlichen kommt es an, sondern darauf, dass es in der Fülle und Vielfalt seiner innerweltlichen Manifestation durch keine dogmatischen Grenzziehungen beschränkt wird.

Im Grunde geht es, wie oben dargelegt, um die Göttlichkeit der Welt. Das Geheimnis der Welt, ihre Göttlichkeit, aber ist entzaubert, wie behauptet. Dies war nicht erst das Ergebnis der Moderne. Der jüdische, christliche und islamische Monotheismus zieht bereits eine strikte Grenze zwischen Gott und Welt. Mit der Unterscheidung – bzw. Trennung von Gott und Welt, wird es außerordentlich schwierig den Bezug Gottes zur Welt zu erfahren, zu bezeugen und plausibel zu machen.

Damit wird aber der Gedanke, die Erwartung oder Hoffnung, dass Gott real in den Weltprozess eingreift problematisch. Über Gottes Gegenwart **in** der Welt, seine Zuwendung **zur** Welt und seine Option **für** die Welt hat die Theologiegeschichte über Jahrhunderte außerordentlich intensiv nachgedacht. Ist aber Gott der Welt abgewandt, radikal getrennt, *„der ganz Andere"* (so Karl Barth und die dialektische Theologie) ist das Eingreifen Gottes nicht mehr denkbar. Unter den Eigenschaften Gottes schafft dies dem Glauben an die Allmacht Gottes besondere Schwierigkeiten. Diese Schwierigkeiten, besser Anfechtungen, werden meist unter dem Thema *Theodizee* verhandelt – „wie kann Gott das alles zulassen?" So wird das Leiden der Menschen, die Ungerechtigkeit in der Welt, zu einer permanenten Quelle der Argumente für Gott-Leugner.

Das Gebet aber lebt von der Gewissheit „Gott erhört das Gebet" und der Hoffnung auf sein Eingreifen.

Meditation V
Friedrich Daniel Ernst Schleiermacher – oder Der Start in die Moderne

Teil I

(1) Das Gebet lebt von der Gewissheit „Gott erhört das Gebet" und der Hoffnung auf sein Eingreifen. Aussagen, Hilfen zum Gebet, müssen also den B e z u g von Gottes-Glauben und Welt-Erfahrung eröffnen. Dieser Bezug aber ist umstritten – oft radikal in Frage gestellt. Über viele Bemühungen, Antwort auf diese Frage zu finden, ist zu reden. Deshalb scheint es sinnvoll, sich zunächst der Wurzeln der Auseinandersetzung um diese Frage zu erinnern. Sie reichen weit zurück. Seit einiger Zeit wird wieder in verschiedener Form über „*Religion*" bzw. „*die Wiederkehr der Religion*" geredet. Ein diffuses Bild zeichnet sich dabei ab. Nach der Religionskritik im 19. Jahrhundert – durch Nietzsche, Feuerbach, Marx, Freud u.v.a. ist das überraschend.

Impulse ganz anderer Art gingen von der Theologie Dietrich Bonhoeffers aus, der mit dem Ansatz einer „*nicht religiösen Interpretation biblischer Begriffe*" den christlichen Glauben und die Verkündigung Jesu Christi aus dem Kontext der Diskussion um Religion – wie er sie vor Augen hatte – herauslösen wollte.

Die Erfahrungen von zwei Weltkriegen und ihrer Schrecken hat noch einmal anders an der Glaubwürdigkeit kirchlicher Verkündigung gezehrt. Erstarrung des Glaubens in orthodoxen Formeln und die Vermischung mit Indoktrination mancher Couleur hat inzwischen eine breite Palette literarischer Äußerungen hervorgebracht[1], sowie oft banale Zustimmung gefunden. All das legt es nahe, einmal mehr die Ursprünge des Problems zu betrachten. Für den Beginn der (sog.) Moderne gibt es ein recht klares Datum.

---

[1] Vgl. z. B.: Tilman Moser, Gottesvergiftung, 1976, oder: Von der Gottesvergiftung zu einem erträglichen Gott, 2003, oder: Herbert Schnädelbach, Fluch des Christentums – die sieben Geburtsfehler des Christentums, 2007, oder: R. Dawkins, Der Gotteswahn, 2006

In der Folge von Aufklärung und französischer Revolution haben sich seit dem 18. Jahrhundert erhebliche geistesgeschichtliche Veränderungen vollzogen. Ihre Besonderheit – neben Renaissance und Reformation – besteht in einem **neuen Schub der Säkularisierung**. Dies konnte auch für die Frömmigkeit nicht ohne Folgen bleiben. Es geht also neu um den Weltbezug des Glaubens. Die Fragestellung muss im Bewusstsein bleiben.

(2) Friedrich Daniel Ernst **Schleiermacher (1768–1834)** hat sich als erster in der Theologie mit der neuen Situation nachhaltig auseinandergesetzt. In seinem Jugendwerk von 1799 *„Über die Religion. Reden an die Gebildeten unter ihren Verächtern"* hat er etwa zehn Jahre nach der Französischen Revolution für die Neuzeit Impulse gesetzt, die bis heute nachwirken. Die Auseinandersetzung, die sich hier angesichts des politischen und gesellschaftlichen Umbruchs vollzieht, enthüllt eine **geschichtsträchtige Differenzierung** in Kultur und Gesellschaft. Zu den Adressaten dieser Rede gehört das aufstrebende Bildungsbürgertum, das der Aufklärung stark zuneigt. In diesem Milieu gibt es aber große Unterschiede. Ein dichter komplexer Gedankengang bestimmt die Reden, so dass es Mühe macht ihn präzise zu erfassen – schon die Eingangspassage, mit der Schleiermacher in das Thema einführt, macht sehr nachdenklich.

Im Alltag spielt offenbar die **Religion** – so der Vorwurf – keine Rolle mehr. Sarkastisch und mit harscher Kritik vermerkt er: „Ich weiß, daß Ihr eben sowenig in heiliger Stille die Gottheit verehrt, als Ihr die verlassenen Tempel besucht ... denn Ihr glaubt ... daß für das ewige und heilige Wesen, welches für Euch jenseits der Welt liegt, nichts übrig bleibt und Ihr keine Gefühle habt für dasselbe und mit ihm. ... Es ist Euch gelungen, das irdische Leben so reich und vielseitig zu machen, daß Ihr der Ewigkeit nicht mehr bedürfet ... "[2] (S. 2)

Es besteht offenbar kein Bedarf mehr an Religion, so dass Wohlstand und Reichtum das Leben hinreichend erfüllen. Die ‚Verächter' strafen die Religion mit Gleichgültigkeit und können nur herabsehen auf die Anwälte einer erstarrten Tradition – gemeint sind die Verfechter einer lebensfernen

---

[2] Erste Rede. Apologie, S. 53 ff., Zitiert nach der Ausgabe: F.D. Schleiermacher, Theologische Schriften, Hrsg. Kurt Nowak, Berlin, 1983. Die Seitenangaben zu den Zitaten beziehen sich auf die Angaben am Rande der Ausgabe.

Dogmatik „die nur in den verwitterten Ruinen des Heiligtums am liebsten wohnen und dort nicht leben können ohne es noch mehr zu verunstalten und zu verderben". (S. 3)

Die mangelnde Verehrung der Gottheit und die Verachtung für die Orte der Gegenwart Gottes mögen in einer oft abstoßenden Frömmigkeit, in mangelnder Glaubwürdigkeit der Verkündigung gründen. „Die verwitterten Ruinen des Heiligtum", meinen ja wohl die Überlieferung der protestantischen Dogmatik, die seit langem (wohl schon seit dem 30-jährigen Krieg, also zwischen 1648 und 1799) in konfessionalistischen Formeln erstarrt ist. Freilich sollte nicht vergessen werden, ein vielfältiges Liedgut aus dieser Zeit ist Ausdruck einer Frömmigkeit, die sich eben dieser Dogmatik verdankt und bis heute lebendig ist. Umso mehr macht es neugierig, wie Schleiermacher – gegen den Trend der Aufklärung – der Religion Geltung und Ansehen verschaffen will.

Wo liegt der Schwachpunkt der Überlieferung? Ist es nur die mangelnde Rezeption, eine fehlende verstehende Aneignung? Oder ist es die – teilweise noch wirksame – Vorstellung einer in Diesseits und Jenseits gespaltenen Welt, die eine intensive Wahrnehmung des Heiligen verhindert?

Wissenschaft und Technik haben das Weltverständnis in immer neuen Schüben seit der Renaissance kräftig verändert. Technik und Wissenschaft, die „Hütten des Landsmanns und die Werkstätten der niederen Künste" (S. 3) erfüllen inzwischen die Wissbegierde. Nur in *Sachen Religion* finden die Sachverständigen, *die Virtuosen,* keine Aufmerksamkeit.

Der Begriff „Säkularisierung" taucht nicht auf, er ist nicht – so wie heute – im Gespräch. Der Sache nach aber ist er – besonders in der ‚Ersten Rede' – bereits hier präsent. Bissig und zornig analysiert Schleiermacher das religiöse Feld, das sich seiner Wahrnehmung bietet. Wohlstand und Reichtum haben das Fragen nach der „Ewigkeit" verdrängt.

Neben diese Aspekte treten die gesellschaftlichen Unterschiede – als sei der Sinn für das Heilige (also die Frömmigkeit) „wie eine veraltete Tracht auf den niederen Teil des Volkes (auf Rohe und Ungebildete) übergegangen" (S. 18). Denen also, „die sich täglich am mühsamsten mit dem Irdischen abquälen" müssen, will er offenbar nicht zumuten, vertraut mit dem Himmlischen zu werden. (S. 20)

30

Die darin anklingende Abwertung der unteren Gesellschaftsschichten macht Schleiermacher offenbar keine Mühe. Vor diesem Hintergrund fühlt sich Schleiermacher genötigt, herausgefordert, den „Gebildeten" mit aller ihm zu Gebote stehenden Leidenschaft Rede und Antwort zu stehen. Als Anwalt der „heiligen Mysterien der Menschheit" weiß sich Schleiermacher ihnen verpflichtet und entschieden getrennt von Philosophen und Propheten, ebenso wie von den Spöttern und Priestern.

Als der „inneren unwiderstehliche(n) Natur, als seinem göttlichen Beruf folgend ist es das, was meine Stelle im Universum bestimmt und mich zu dem Wesen macht, das ich bin... was mich also dringt und erdrückt mit seiner himmlischen Gewalt". (S. 5) So klingen bereits in den Sätzen der ersten Rede (‚Apologie' genannt) die ihn bewegenden Motive an.

„Nur **euch** kann ich zu mir rufen, die ihr fähig seid, Euch über den gemeinen Standpunkt der Menschen zu erheben, die ihr den beschwerlichen **Weg in das Innere des menschlichen Wesen** nicht scheuet, um den Grund seines Tuns und Denkens zu finden". (S. 21)

Sein Anliegen ist es, die Leser oder Hörer „in die innersten Tiefen... zu geleiten, aus denen sie (die Religion) zuerst das Gemüt anspricht" – er möchte zeigen, „aus welchen Anlagen der Menschheit sie hervorgeht und wie sie zu dem gehört, was Euch das Höchste und Teuerste ist. (S. 20)[3]

Denn er ist überzeugt, dass darin erst die Möglichkeit von Selbst- und Welterfahrung gründet. Dies ist zum Anliegen der Moderne geworden.

Schleiermacher konzentriert sich auf den heute so belasteten Begriff „Religion": Er empfindet offenbar ein großes Defizit der Frömmigkeit und der christlichen Dogmatik seiner Zeit, weil sie den Bezug zum Leben verloren habe. In dem Bemühen dies Defizit zu überwinden, ist er angetreten. Was einst „in jugendlicher Schwärmerei" begann, will er nun g e g e n die Verfechter derer, „die sich nur in den verwitterten Ruinen des Heiligtums bewegen" ebenso fortführen, wie gegen die Verächter „der heiligsten Mysterien der Menschheit". Schleiermacher sah sich genötigt, einen anderen Ansatz für sein Verständnis der Frömmigkeit zu finden.

---

[3] Zugleich klingt darin ein alter Begriff aus der Tradition der Mystik an – auf diesen Akzent sei schon hingewiesen – ohne dass erkennbar ist, wie weit sich Schleiermacher dessen bewusst ist. Andeutungen sind aber nicht zu übersehen.

(3) Mit dem **Begriff von R e l i g i o n** meint er diesen Ansatz gefunden zu haben, und entwickelt eine ganz eigenständige Position zu diesem Thema.[4] Von daher erfolgt auch die Destruktion der Dogmatik und aller ihrer Topoi. In dieser Intention spiegeln sich wohl auch die abschreckenden Erfahrungen, die er selbst mit der überlieferten Dogmatik gemacht hat.[5] Die biographischen Details werden hier nicht benannt. Die inneren Auseinandersetzungen haben aber offenbar einen längeren Zeitraum in Anspruch genommen. Ausgangspunkt ist ein heute umstrittenes Axiom:

„Der Mensch wird mit der religiösen Anlage geboren wie mit jeder anderen, und wenn sein Sinn nicht gewaltsam unterdrückt, wenn nicht jede Gemeinschaft zwischen ihm und dem Universum gesperrt und verrammelt wird, so müsste sie (die Religion) sich auch in jedem unfehlbar auf seine Art entwickeln." (S. 144)

So fragt er denn „Wer hindert das Gedeihen der Religion?" Seine Antwort lautet:

„Nicht die Zweifler und Spötter … auch nicht die Sittenlosen … sondern die Verständigen und praktischen Menschen, diese sind in dem jetzigen Zustand der Welt das Gegengewicht gegen die Religion und ihr großes Übergewicht ist die Ursache, warum sie (die Religion) eine so dürftige und unbedeutende Rolle spielt. Unterdrückt wird die **Sehnsucht** junger Gemüter nach dem Wunderbaren und Übernatürlichen… bzw. die Suche danach, ob nicht etwas **über** die sinnlichen Erscheinungen und ihre Gesetze hinausreiche". Freilich ist es eine Täuschung, das

---

[4] Er greift damit in eine rege Debatte seiner Zeit ein. So z. B. erscheint 1792 von J.G. Fichte, Versuch einer Kritik aller Offenbarung; 1793 von I. Kant, Die Religion innerhalb der Grenzen der bloßen Vernunft; vgl. Hermann Fischer, F.D.Schleiermacher, 2001. In diese Zeit fällt auch der Atheismusstreit, eine Auseinandersetzung in den Jahren 1798 und 1799 im Herzogtum Sachsen-Weimar-Eisenach. Der Streit drehte sich um das Verhältnis Gottes zur Welt bzw. die Möglichkeit einer moralischen Weltordnung ohne die Notwendigkeit der Existenz Gottes. Im Jahr 1799 wurden Forberg und Fichte wegen diesbezüglicher Schriften wegen der Verbreitung atheistischer Ideen und Gottlosigkeit angeklagt. Fichte wurde vom Herzog von Weimar, Carl August, zum Rücktritt gezwungen. (nach Wikipedia Artikel Atheismusstreit) Die Auseinandersetzung Schleiermachers mit diesen Positionen durchzieht seine ganze Schrift (sprich: Rede), ohne dass er ausdrücklich darauf Bezug nimmt.

[5] Ab 1785 besuchte er das Seminar der Brüder-Unität in Barby, das er 1787 wieder verließ, nachdem er sich ab 1786 von der dogmatisch-positiven Form der Religiosität zu distanzieren begonnen hatte … und nach dem äußeren Bruch mit den Herrnhutern 1793 (so eine kurze Notiz dazu bei Wikipedia)

Unendliche gerade **außerhalb des Endlichen** … zu suchen. (S. 145 f.) Bei einer natürlichen Entfaltung und Erziehung „würde die junge Seele sich den Eindrücken des Unendlichen in seiner Allgegenwart überlassen".

D r e i Akzente klingen an, die die Bedeutung des Themas ankündigen: Z u n ä c h s t: Die „**Sehnsucht** junger Gemüter" – will sagen, eine Kraft wird gesucht, die die Enge politischer und gesellschaftlicher Verhältnisse durchbrechen könnte.

Man erinnert sich: Berlin stöhnt unter dem politischen Absolutismus, außenpolitisch verstärkt sich der Druck von Frankreich her (Napoleon). Nur langsam heilen die immer noch spürbaren Nachwirkungen des dreißigjährigen Krieges in Landwirtschaft und Handwerk. Dies führt zu einer inneren Spannung in der Gesellschaft.

In diesem Kontext habe – z w e i t e n s – Religion in der Gesellschaft ihre Rolle zu spielen. Aber welche? Kann es sein, dass Religion herhalten muss, den Menschen die „**Furcht** vor einem ewigen Wesen" **einzuschärfen** oder mit dem Rechnen auf eine andere Welt (S. 22) **zu trösten** oder einer Bestimmung der Religion zu folgen, die notwendig sei, um Recht und Ordnung in der Welt zu erhalten … (sic!) oder als sei sie eine heilsame Stütze für die Sittlichkeit … in dem sie den schwachen Menschen das Vollbringen des Guten gar mächtig erleichtert"? (S. 33)

Schleiermacher kann darin nur einen Missbrauch der Religion sehen, wenn es darum geht, den Bürger zu disziplinieren und sucht darum nach einer neuen anderen Deutung von Religion.

Er spürt schließlich – d r i t t e n s – die **Spannung** zwischen einer Weltsicht mit einer „Sehnsucht nach Wunderbarem und Übernatürlichem", nach etwas, das „*über* die sinnlichen Erscheinungen und ihre Gesetze hinausreiche" und der Ahnung, dass „das Unendliche gradc außerhalb des Endlichen"**nicht** erreichbar ist.

„So werden die armen Seelen, die nach etwas ganz anderem **dürsten**, mit moralischen Geschichten gelangweilt und lernen, **wie schön und nützlich es ist, fein artig und verständig zu sein.**" (S. 147)

Die Spaltung in Diesseits und Jenseits der Welt spaltet letztlich das Bewusstsein. Diese zarte Gesellschaftskritik aus der Dritten Rede „*Über die*

Bildung zur Religion" hat seinen Vorlauf in der Zweiten Rede „*Über das Wesen der Religion*". In diesem Thema sieht Schleiermacher das Angebot und eine Möglichkeit „über die sinnlichen Erscheinungen und ihre Gesetze" hinaus zu gelangen.

Der erste Impuls für sein neues Verständnis von Religion ist die konsequente Abgrenzung gegenüber **Metaphysik und Moral** – sie haben mit der Religion zwar „denselben Gegenstand ... nämlich das **Universum und das Verhältnis des Menschen zu ihm,** aber ... (S. 41)[6].

Die lang und breit ausgeführte Polemik gegenüber den zwei ehrwürdigen Bereichen der Philosophie überrascht nicht mehr, wenn man die Kontroversen seiner Zeit dazu bedenkt.

Hier spiegelt sich u.a. wohl vor allem seine Auseinandersetzung mit Kant, dessen Ansichten er in Halle (seit 1787) studiert hatte. Über die gefährliche Vermischung von Metaphysik[7], Moral und Religion sind wir heute im 21. Jh. auch noch nicht recht hinaus gekommen. Die Querverbindungen zu den zeitgenössischen Vertretern der Zunft von einst und heute mögen hier auf sich beruhen[8]. Wichtiger sei hier, wie Schleiermacher seine Position gegen die mancherlei Abarten beschreibt:

(4) „Darum ist es Zeit, ... mit dem **schneidenden Gegensatz** anzuheben. Das **Wesen der Religion** ist weder Denken noch Handeln, sondern **Anschauung und Gefühl.** ... Anschauen will sie das Universum, in seinen

---

[6] „Was tut Euere Metaphysik – oder Transzendentalphilosophie? – wie es moderner heißt: sie klassifiziert das Universum und teilt es ab in solche Wesen und solche, sie geht den Gründen dessen, was da ist, nach und deduziert die Notwendigkeit des Wirklichen, sie entspinnt aus sich selbst die Realität der Welt und ihre Gesetze ... in dieses Gebiet darf sich die Religion nicht versteigen ... sich in ein Unendliches von Gründen und Deduktionen zu verlieren, letzte Ursachen aufzusuchen und ewige Wahrheiten auszusprechen ... Und was tut Euere Moral? Sie entwickelt aus der Natur des Menschen und seines Verhältnisses gegen das Universum ein System von Pflichten, sie gebietet und untersagt Handlungen mit unumschränkter Gewalt". (S. 43)

[7] Heute hieße das: eine – vermeintlich wissenschaftlich begründete – Weltanschauung

[8] In der umfangreichen Forschung werden die Querverbindungen intensiv erörtert und die Auseinandersetzungen nachgezeichnet. So etwa mit Spinoza (1632–1677), der schon früher die Lösung des wissenschaftlichen Denkens von den Dogmen der Religion verfocht, oder Immanuel Kant (1724–1804), einschließlich der beachtlichen Reihe der Romantiker Fichte (1762–1814), Schelling (1775–1854), Schlegel (1772–1829) u. a.

eigenen Darstellungen und Handlungen will sie es a n d ä c h t i g belauschen, von seinen unmittelbaren Einflüssen will sie sich in kindlicher P a s - s i v i t ä t ergreifen und erfüllen lassen ... sie will im Menschen nicht weniger als in allem anderen Einzelnen und Endlichen das U n e n d l i c h e sehen" (S. 50 f.)

Das ist ein Programm, dessen Tragweite auf den ersten Blick gar nicht recht zu ermessen ist. **Anschauung – Gefühl – Universum**, das sind drei Komponenten für sein Programm.

„Vom **Anschauen muss alles ausgehen**, und wem die Begierde fehlt, das Unendliche anzuschauen, der hat keinen Prüfstein ... um zu wissen, ob er etwas Ordentliches darüber gedacht hat... *Anschauen des Universums,* ich bitte euch, befreundet Euch mit diesem Begriff, er ist der Angel meiner ganzen Rede, er ist die allgemeinste und höchste Formel der Religion." (S. 54 f.) Alles Anschauen geht aus **von einem Einfluss** des Angeschauten auf den Anschauenden... (S. 55)

Das Universum ist in einer **ununterbrochenen Tätigkeit** und offenbart sich uns in jedem Augenblick. Jede Form, die es hervorbringt, jedes Wesen, dem es nach der Fülle des Lebens ein abgesondertes Dasein gibt, jede Begebenheit ... ist ein Handeln desselben auf uns; und so *alles Einzelne als einen Teil des Ganzen*, alles Beschränkte als eine Darstellung des Unendlichen hinnehmen, das ist Religion. (S. 56) Das ist eine – uns – ungewohnte Sichtweise. Das **Universum** wird hier als **ein Prozess** wahrgenommen "in einer ununterbrochenen Tätigkeit", der wir ausgesetzt sind. So ließe es sich heute wohl umschreiben, vielleicht müssten wir besser von „Wirklichkeit" sprechen. Aber jeder Begriff hat seine eigene Nuance und sollte nicht beliebig getauscht werden.

Mit erstaunlicher Leidenschaft betont Schleiermacher die Bedeutung der Religion und konzentriert den Blick auf e i n e n Aspekt. Darin gründet der *Weltbezug,* nach dem wir fragen, für einen jeden Menschen. Es benennt die ‚eine alles umfassende', ‚alles in eins wendende' Erfahrung.

Die intensive Aktivität des ‚Universums' regt die **Wahrnehmung** an. Dabei ringt Schleiermacher offenbar selbst noch mit dem (neuen?) Begriff von Religion, wenn er immer neue Umschreibungen aneinander reiht, denn **„Alle Begebenheiten in der Welt als Handlungen eines Gottes vorstellen, das ist Religion –** es drückt ihre **Beziehung auf ein unendliches Gan-**

zes aus … aber darüber zu grübeln mag in der Metaphysik gut und nötig sein. … Anschauung ist und bleibt immer etwas Einzelnes, Abgesondertes, **unmittelbare Wahrnehmung,** weiter nichts. … bei den unmittelbaren Erfahrungen vom Dasein und Handeln des Universums, bei den Einzelnen Anschauungen und Gefühlen bleibt sie stehen" (S. 58) In äußerster B e - t r o f f e n h e i t bleibt der Mensch passiv, Empfangender, in stiller Ergebenheit … "von seinen unmittelbaren Einflüssen will sie sich in kindlicher Passivität ergreifen und erfüllen lassen". (S. 51)

Damit wird die Religion aller Praxis und aller Reflexion (oder wie Schleiermacher sagt, „der Spekulation") vorangestellt, übergeordnet. „… **Religion ist Sinn und Geschmack fürs Unendliche.**" (S. 53)

Das Universum, das ‚in einer Einheit Zusammengefasste', es wird erfahren im **„Einzelnen als einem Teil des Ganzen",** „alles Beschränkte als eine Darstellung des Unendlichen" angeschaut. Die Wahrnehmung vernimmt – deutet – das Einzelne nicht an sich. Auf den Zusammenhang kommt es an, auf die Beziehung zum Ganzen. Das gibt dem Ganzen seinen „Geschmack", eröffnet eine neue Perspektive.

Es geht Schleiermacher also nicht speziell um ein neutrales Wissen vom Weltall, den Kosmos, sondern um die **unmittelbare Erfahrung der Wirklichkeit.** In äußerster Konzentration vollzieht sich so Religion in der B e z i e h u n g zu dem so verstandenen ‚Universum', zu allem, was uns begegnet und was es in uns auslöst – die B e t r o f f e n h e i t ist entscheidend. So kommt „alles Beschränkte als eine Darstellung des Unendlichen" zu Bewusstsein.

Aus diesem Geschehen folgt weiterhin, „dass jede Anschauung ihrer Natur nach mit einem Gefühl verbunden ist. Eure Organe vermitteln den Zusammenhang zwischen dem Gegenstande und Euch." Dies löst auf mancherlei Weise eine Erregung aus und kann in „**eurem inneren Bewusstsein** eine **Veränderung** hervorbringen" (S. 66).[9] **Anschauung und Gefühl sind eng aufeinander bezogen.** In diesem Bezug sind Objekt und Subjekt untrennbar **aufeinander bezogen** und zugleich **unterschieden.**[10]

---

[9] „So wie die besondere Art das Universum sich in Euren Anschauungen darstelle … so bestimmt die Stärke der Gefühle den Grad der Religiosität" (S. 68)

[10] „Anschauung ohne Gefühl ist nichts und kann weder den rechten Ursprung noch die rechte Kraft haben; Gefühl ohne Anschauung ist auch nichts, beide sind nur dann und

Diese Zuordnung konzentriert die Religion zunächst auf den **geheimnisvollen Augenblick,** in dem Anschauung und Gefühl **(n o c h) eins sind.**

„Jener erste **geheimnisvolle Augenblick,** der bei jeder sinnlichen Wahrnehmung vorkommt, **ehe noch Anschauung und Gefühl sich trennen,** wo der Sinn und sein Gegenstand gleichsam ineinander geflossen und Eins geworden sind … ich weiß, wie unbeschreiblich er ist, wie schnell er vorüber geht … flüchtig ist er und durchsichtig wie er erste Duft, womit der Tau die erwachten Blumen anhaucht … schamhaft und zart, wie ein jungfräulicher Kuss, heilig und fruchtbar wie eine bräutliche Umarmung.

… Schnell und zauberisch entwickelt sich eine Erscheinung, eine Begebenheit zu einem Bilde des Universums. So wie sie sich formt, die geliebte und immer gesuchte Gestalt, flieht ihr meine Seele entgegen, Ich liege am Busen der unendlichen Welt: ich bin in diesem Augenblick ihre Seele, denn ich fühle alle ihre Kräfte und ihr unendliches Leben wie mein eigenes,

… Die geringste Erschütterung, und es verweht die heilige Umarmung, und nun **erst steht die Anschauung** vor mir **als eine abgesonderte Gestalt,** ich messe sie, und sie spiegelt sich in der **offenen Seele** wie das **Bild** der sich entwindenden Geliebten in dem aufgeschlagenen Auge des Jünglings, und nun erst **arbeitet sich das Gefühl aus dem Innern empor** und verbreitet sich wie die Röte der Scham und der Lust seiner Wange. Dieser Moment ist die höchste Blüte der Religion. … Er ist die Geburtsstunde alles Lebendigen in der Religion." (S. 74 f.)

Der geheimnisvolle Augenblick lässt sich nicht konservieren. „Nur die Anschauungen und Gefühle kann ich euch vergegenwärtigen, die sich aus solchen Momenten entwickeln" (S. 75) Wichtig bleibt das Bewusstsein, dass sie sich diesem Ursprung verdanken, wenn sich die Umarmung mit dem Universum löst. In einer breiten und intensiven Reflexion geht dem Schleiermacher nach.

In beeindruckender Weise wird die **Fülle der Anschauungen** aus Natur und Geschichte entfaltet. Aus ihnen entspringen die **Gefühle,** die leidenschaftlich der Erfahrung, der Wahrnehmung, entsprechen. Religiöse Erfahrung entbirgt sich aus dem geheimnisvollen Augenblick. Sie ist ein Ereignis (ein „Eräugnis"), das freilich ausstrahlt.

---

deswegen etwas, wenn und weil sie ursprünglich eins und ungetrennt sind" (S. 73)

Die Komponenten der Religion „Anschauung – Gefühl – Universum" entspringen aus einer **Erregung** – die wir vielleicht als **Freude** bezeichnen könnten.

Die Komponenten zielen zugleich auf eine Erfahrung, oder Betroffenheit – den Momenten, die in eurem **Bewusstsein eine Veränderung** bedingen. Die ausgelöste Erregung, lässt sich weder in Formeln ausdrücken noch dokumentieren oder überliefern. Nur der Zusammenhang im Lebensvollzug verdient bleibende Beachtung. Im Zusammenspiel dieser Komponenten offenbart sich der **Weltgeist.**

„Den Weltgeist zu lieben und freudig seinem Wirken **zuzuschaue**n, das ist das Ziel unserer Religion; und Furcht ist nicht in der Liebe" (S. 80)

(5) Mit diesen Äußerungen hat Schleiermacher eine **doppelte und weitreichende Entscheidung** vollzogen. Dass einzelne Gefühl findet mancherlei Ausdruck, je nachdem wie das „Universum" im besagten „geheimnisvollen Augenblick" gerade auf den Menschen einwirkt und so im inneren Bewusstsein eine Veränderung auslöst. Auf diesem Hintergrund werden Gefühle benannt und beschrieben[11]:

Nicht erst die einzelnen „Gefühle" finden besondere Beachtung, vielmehr gilt es auf die i n n e r e Bewegung zu achten:

„Alle diese Gefühle sind Religion, und ebenso alle anderen, bei denen **das Universum der eine** und auf irgendeine Art **Euer eigenes Ich der andere von Punkten** ist, zwischen denen das Gemüt schwebt. Die Alten wußten das wohl: Frömmigkeit nannten sie alle diese Gefühle und bezogen sie unmittelbar auf die Religion." (S. 111)

Die wiederkehrende Ausdrucksweise – wie der ganze Gedankengang – lassen an ein **oszillierendes System** denken. Das ist die Pointe der Betrach-

---

[11] „wie innige Ehrfurcht vor dem Ewigen und Unsichtbaren … ungekünstelte Demut, in der Betrachtung der Welt auch unsere Brüder wahrnehmen … und mit inniger Liebe und Zuneigung zu umfassen … das Gefühl der Dankbarkeit, das herzlichste Mitleid mit allem Schmerz und Leid … zerknirschende Reue und sehnlichstes Verlangen umzukehren" (vgl. S. 108 ff.)

tung.[12] Nicht eine von ‚außen‘ inszenierte – isolierte – Aktion (eines Gottes) bewirkt eine Veränderung der Situation. Die Wahrnehmung regt das ICH, das Bewusstsein, an.

Die individuelle Sicht, das veränderte Bewusstsein verändert die Einstellung zur Wirklichkeit. Diese konsequente **Ausrichtung auf das Individuum** ist die e i n e vollzogene Entscheidung. Sie hatte folgenreiche Auswirkungen.

Schleiermacher war wohl nicht der einzige seiner Zeit mit diesen Gedanken – sie begründeten den Individualismus, oder wie es auch heißt, den ‚Subjektivismus‘ der Moderne. Sie konsequent in die Theologie einzubringen, war die Entscheidung, die sich schon in den „Reden“ abzeichnet.

Die Einsicht in das „Schwebende“, in das Hin und Her zwischen dem Universum und dem Ich – eben die Einsicht in das oszillierende System – dem sich das Gefühl in der Religion verdankt, macht auch deutlich, warum Schleiermacher ‚Religion‘ so vehement von ‚Metaphysik‘ und ‚Moral‘ abgrenzt. Ihnen fehlen die Bewegung, die Dynamik. Denken (Metaphysik) und Handeln (Moral)‘ verobjektivieren das ‚Universum‘, die Wirklichkeit. Sie wollen sich der Dinge des Universums bemächtigen. Der Mensch aber bleibt in der Religion passiv, ein **Empfangender**.

Darum kann er auch ebenso die Funktion der Religion nicht unter dem gesellschaftlichen, gesellschaftspolitischen Nutzen betrachten.[13]

Immer aber wird es um eine so oder anders **gestaltete oder zu gestaltende Beziehung** gehen, aus der das Gefühl wie ein Resonanzphänomen hervorgeht. Die Existenz ist in **Bewegung**, in Schwingungen versetzt, pendelt bzw. „schwebt“ zwischen zwei Zuständen – besser zwischen zwei Aktionszentren – hin und her, die das Gefühl bestimmen und ihm je nach dem ganz unterschiedlichen Ausdruck verleihen.

---

[12] In dem Begriff verbirgt sich für Schleiermacher anscheinend eine anthropologische Struktur. (Vgl. S. 6 ff.)

[13] Vgl. oben unter (3): Es hat wohl eine lange Tradition die „F u r c h t vor einem ewigen Wesen einzuschärfen oder mit dem Rechnen auf eine a n d e r e W e l t zu trösten.“ In ihr steckt freilich mehr das verobjektivierende Denken als die Hoffnung, oder die Bestimmung der Religion, die notwendig sei, um Recht und Ordnung in der Welt zu erhalten … (sic!) oder als sei sie eine heilsame Stütze für die Sittlichkeit … in dem sie den schwachen Menschen das Vollbringen des Guten gar mächtig erleichtert. (S. 31 ff.)

Ursache und Begründung für diese Sicht liegen in dem p o l a r e n Wirklichkeitsverständnis, das der menschlichen Existenz eingestiftet ist. Das wird als bekannt vorgesetzt:

„Ihr wißt, daß die Gottheit durch ein unabänderliches Gesetz **sich selbst** genötigt hat, ihr eigenes großes Werk bis ins Unendliche hin zu entzweien, jedes bestimmte Dasein nur aus zwei entgegengesetzten Kräften zusammen zu schmelzen – nur durch einander bestehenden und unzertrennlichen **Zwillingsgestalten** zur Wirklichkeit zu bringen." (S. 6) So hieß es schon in der ersten Rede.

Dem wird eine verobjektivierende Betrachtungsweise nicht gerecht.[14] Die der Welt so von der Gottheit eingeflochtene Spannung, bestimmt das Leben, die Existenzvollzüge.

Denn so heißt es weiter:

Jedes Leben ist nur das Resultat eines beständigen **Aneignen und Abstoßens** … das durstige An-sich-ziehen und das rege und lebendige Selbstverbreiten … Jede menschliche Seele … ist nur ein Produkt zweier entgegengesetzter Triebe. Der eine ist das **Bestreben,** alles was sie umgibt an sich zu ziehen, in ihr eigenes Leben zu verstricken … Der andere ist die **Sehnsucht,** ihr eigenes Selbst **von innen heraus immer wieder** auszudehnen und alles zu durchdringen …

Diese Einsicht in die Existenzvollzüge hat freilich Konsequenzen. Die Existenz schwebt zwischen Konsum und Produktion. Das Mensch-Sein ist ausgespannt zwischen entgegengesetzten Trieben, sie **„schweben"** zwischen **„Genuss** (sprich: **Konsum)** und immer **wachsender** und **erhöhter Tätigkeit"** (sprich: **Wachstum** und **Produktion).**

Das sind überraschende Aussagen aus einer frühen Zeit der industriellen Revolution. Die – bedrohlichen – Strukturen der beginnenden Industrialisierung und des Kapitalismus werden nicht nur wahrgenommen, sie

---

[14] Dies vernimmt er aber in den üblichen Darstellungen der theologischen Topoi. Schleiermacher fragt zunächst „wohin denn jene Dogmen und Lehrsätze der Religion eigentlich gehören, die so gemeinhin für den Inhalt der Religion ausgegeben werden" und bedenkt die Themen „Wunder" (S. 116), „Offenbarung" (S. 118) die „Gnadenwirkungen" (S. 119) den „Glauben" (S. 120), die Bedeutung der „Schrift" (S. 122), „Unsterblichkeit" (S. 123)

werden im Mensch-Sein, in den Lebensvollzügen verankert. In dieser Spannung bekommt die Religion ihre besondere Funktion.

In der zweiten Rede „*Über das Wesen der Religion*" führt Schleiermacher diesen Gedanken weiter aus. Das Wirken des Menschen „das **Bestreben,** alles was sie umgibt, an sich zu ziehen" also r e z e p t i v e Elemente, sowie „die **Sehnsucht,** ihr eigenes Selbst **von innen heraus immer wieder** auszudehnen", also die a k t i v e Seite, wird zu seinem Verständnis von Religion in Beziehung gesetzt. Die so gesehene Sicht auf die Struktur des Mensch-Seins ist eingefügt in die Spannung zwischen Endlichem und Unendlichem, den Antipoden der Religion. (s.o.:„. . . *Religion ist Sinn und Geschmack fürs Unendliche.*") Damit wird die Perspektive erheblich erweitert.

„So setzt der Mensch dem Endlichen, wozu seine Willkür ihn treibt, ein Unendliches, dem zusammen ziehenden **Streben** nach etwas Bestimmtem und Vollendetem das erweiternde S c h w e b e n im Unbestimmten und Unerschöpflichen an die Seite; so schafft er seiner überflüssigen Kraft einen unendlichen Ausweg und stellt das Gleichgewicht und die Harmonie seines Wesens wieder her, welche unwiederbringlich verloren geht, wenn er sich – o h n e zugleich Religion zu haben – einer einzelnen Direktion überlässt." (S. 115) In der Spannung von Genuss und erhöhter Tätigkeit, von Konsum und wachsender Produktion, bedarf es für das Mensch-Sein einer **Balance,** eines Gleichgewichtes, einer Harmonie – die nur die Religion gewährt.

Hier haben „Anschauung und Gefühl" ihren Sinn und ihre Funktion. Sie eröffnen dem Menschsein eine andere – das Leben erweiternde und prägende – Perspektive.

Der Mensch bedarf so einer Vermittlung zwischen den wirkenden Gegenständen des Universums und EUCH, euren innersten Tiefen, eurem Selbst, um durch die Balance, durch die Harmonie, die i n n e r e Übereinstimmung m i t s i c h selbst zu finden. Darin findet der Mensch ein heilsames wohltuendes Einverständnis mit einer notvollen oder beglückend erfahrenen Wirklichkeit. Er kann Sie annehmen und bejahen. Das ist wohl das Ziel, wenn die Anschauung das Gefühl hervorruft und dies auf mancherlei Weise eine E r r e g u n g auslöst, bis hin zu einer kraftvollen Begeisterung, die in „**eurem inneren Bewußtsein** eine **Veränderung**" hervorbringt, wie oben schon erklärt.[15]

(**6**) So ist die Religion ganz in der Reflexion über die Strukturen des Mensch-Seins verortet. Die ungewohnte Art des Denkens hier erfordert äußerste Sorgfalt und bedarf einer gesonderten aufmerksamen Betrachtung, um das verwirrende Geflecht der Aussagen aufzulösen bzw. durchsichtig zu machen.

Das ‚Universum anschauen' stiftet offenbar eine (all-)umfassende Beziehung. Ungewohnt ist dabei, die Vor- oder Überordnung des Universums vor der ‚Idee Gottes', besser: wie sie dem Universum eingefügt wird.[16]

Das Universum ist als **ein Handelndes** vorgestellt. Dabei wird dieses Handeln, bzw. die auf den Menschen einwirkenden Vorgänge, die „Wirksamkeit" vom Gottesverständnis unterschieden oder gar getrennt. Dies überrascht. Das ist die **andere Entscheidung** Schleiermachers, die er in den „Reden" präsentiert. Mehr noch verwundert die Begründung.

Schleiermacher überbietet damit „die größten Verschiedenheiten" im Gottes-Begriff, wie sie populär im Blick sind und entkommt ihnen damit auch. Damit werden zunächst die landläufigen Vorstellungen von Gott abgewehrt.

„Den mehrsten ist offenbar Gott nichts anders als der **Genius der Menschheit**. . . . und nach demjenigen, was sie für ihre Ereignisse und Führungen halten, bestimmen sie die Gesinnungen und das Wesen ihres Gottes.

---

[15] „Endlich, um das allgemeine Bild der Religion zu vollenden, erinnert Euch, daß jede Anschauung ihrer Natur nach mit einem Gefühl verbunden ist. Euere Organe vermitteln den Zusammenhang zwischen dem Gegenstande und Euch, derselbe Einfluß des letztern, der Euch sein Dasein offenbaret, muß sie auf mancherlei Weise erregen und in Eurem innern Bewußtsein eine Veränderung hervorbringen. Dieses Gefühl, das Ihr freilich oft kaum ge- wahr werdet, kann in andern Fällen zu einer solchen Heftigkeit heranwachsen, daß Ihr des Gegenstandes und Euerer selbst darüber vergeßt, Euer ganzes Nervensystem kann so davon durchdrungen werden, daß die Sensa- tion lange allein / herrscht und lange noch nachklingt und der Wirkung anderer Eindrücke widersteht" (S. 66)

[16] „In der Religion steht die Idee von Gott nicht so hoch, als Ihr meint", . . . denn „mit dem seienden (der Metaphysik) und gebietenden (wie in der Moral) Gott hat sie – die Religion – nichts zu schaffen". (S. 130)

… kann also ein Gott, der nur der Genius der Menschheit wäre, das Höchste meiner Religion sein? (S. 125)

In diesem Kontext kann das Universum o d e r Gott dem einfachen (rohen) Menschen nichts anderes sein als ein „**blindes Geschick**" oder „ein Wesen ohne bestimmte Eigenschaften, **ein Götze und ein Fetisch**" (S. 127)[17]

Für den Gebildeten „stellt sich das Universum dar als eine Vielfalt ohne Einheit, als ein Unbestimmtes Mannigfaltiges heterogener Kräfte, deren beständiger und ewiger Streit seine Erscheinung bestimmt."

Sieht man darin (in der Vielfalt) eine **motivierte Notwendigkeit**, so fordert dies heraus „nach Grund und Zusammenhang zu forschen, in dem Bewußtsein, ihn nie zu finden".

Wie den unterschiedlichen Milieus, den Ungebildeten oder Gebildeten das Universum erscheint, zeigt, wie wenig die Unterweisung der Menschen bewirkt.

Die philosophischen Hintergründe zu erhellen, wie diese Unterschiede in der Rezeption des Glaubens entstehen, wäre reizvoll. Wichtiger ist hier auf die Zuordnung und Unterscheidung von Gott und Universum hinzuweisen.

„Wird zu diesem Universum die Idee eines Gottes gebracht, so zerfällt sie natürlich in unendlich viele Teile, jeder dieser Kräfte und Elemente, in denen keine Einheit ist, wird besonders b e s e e l t, Götter entstehen in unendlicher Anzahl, unterscheidbar durch verschiedene Objekte ihrer Tätigkeit …
Nun laßt uns höher steigen, dahin wo alles Streitende sich wieder vereinigt, wo das Universum sich als Totalität, als EINHEIT IN DER VIELFALT, als System darstellt und so erst seinen Namen verdient." (S. 127 ff.)

Das ist eine aufregende Argumentation. An dieser Stelle hat sich später ein heftiger Streit entwickelt. G o t t in den vielfältigen, undurchschaubaren Erscheinungen zu finden, hat die Wissenschaft gereizt, die Erscheinungen – der Gestirne, der Bäche, Blitz und Donner, usw. usw. – unabhängig von der

---

[17] „Das Universum stellt sich in seinen Handlungen dem rohen Menschen, der nur eine verwirrte Idee vom ganzen und Unendlichen hat … als ein Chaos gleichförmig in der Verwirrung, ohne Abteilung, Ordnung und Gesetz. Ohne den Drang, es zu beseelen, repräsentiert ihm ein blindes Geschick den Charakter des Ganzen, mit diesem Drang wird sein Gott ein Wesen ohne Eigenschaften, ein Götze, ein Fetisch" (S. 127)

Idee eines Gottes zu erklären. Der Mensch ist (war) ausgeliefert, und ohnmächtig und zugleich neugierig, sieht er sich gegenüber den undurchschaubaren Vorgängen der Natur. Je mehr aber die Vorgänge – Dank der Wissenschaft – durchschaubar, ja steuerbar werden (wurden), je mehr schrumpfte der Einflussbereich einer Gottes-Idee. Diese Veränderungen sind uns kaum noch im Bewusstsein. Sie haben aber die Gesellschaft und ihr Verhältnis zur Religion grundlegend verändert. Das ist freilich nicht das Thema bei Schleiermacher, aber das Problem hat er so deutlich erkannt, dass er dagegen angeht.

Ihm geht es um die „Einheit in der Vielfalt", um das Unendliche im Endlichen: „jede Gattung mit ihrem Individuum ist dem Universum untergeordnet, kann also Gott in diesem Sinne für mich etwas anderes sein als eine e i n z e l n e Anschauung?"(S. 126)

Hier liegt freilich eine weitere philosophische Vorentscheidung. Die Erfahrung Gottes, eine Begegnung wird auf e i n e einzelne Anschauung konzentriert, bzw. begrenzt.

Der Bezug Gottes zu seiner Schöpfung, wie er h e u t e reflektiert wird, bleibt eine ständige Aufgabe der Theologie. Sie war zu dieser Zeit nicht im Blick. Die Vielfalt des Universums, das in vielfältiger Wahrnehmung zur Geltung kommt, wird auf die „Idee Gottes" übertragen.

Weil es aber immer – im jeweiligen Augenblick – nur um eine einzelne Anschauung geht, zerfällt auch die „Idee Gottes", verbunden mit der **Herausforderung** "nach Grund und Zusammenhang zu forschen". Die Einheit im Gottesverständnis findet sich im „Weltgeist" – bzw. wird im „Geist des Universums" erfahren.

Was geschieht aber, wenn der Mensch „die Kräfte und Elemente b e - s e e l t" – ihnen einen Namen gibt. Damit kommt die Sprache in all ihren Facetten ins Blickfeld – aber sie werden hier nicht bedacht. Hier geht es lediglich um die E n t s c h e i d u n g, das Handeln des Universums vom Gottesverständnis zu unterscheiden.[18]

---

[18] „Wenn ihr nun nicht leugnen könnt, dass sich die Idee von Gott zu jeder Anschauung des Universums bequemt, so müßt Ihr auch zugeben, daß eine Religion ohne Gott besser sein kann als eine andre mit Gott". (S. 126) „In der Religion steht die Idee von Gott nicht so hoch, als Ihr meint, auch gab es unter wahrhaft religiösen Menschen nie Eiferer, Enthusiasten oder Schwärmer für das Dasein Gottes; mit großer Gelassenheit

Schleiermacher ist sich der Brisanz seiner Gedanken durchaus bewusst und prüft den Sinn der gängigen Anschauungen dazu. „. . . so will ich Euch noch einen Augenblick Rede stehen und Euch deutlich zu machen suchen, daß **für mich** die **Gottheit** nichts anders sein kann als **eine einzelne religiöse Anschauungsart**" (S. 124) Die Einschränkung „für mich" signalisiert, dass es sehr unterschiedliche Betrachtungsweisen geben kann.

Die Gedankenführung legt es nahe, zu erkennen, dass Schleiermacher hier nicht nur eine sachliche Abhandlung zu einem mehr oder minder wichtigen Thema vorlegt. Er präsentiert damit seine innerste Auseinandersetzung. Die öffentlichen Diskussionen im Atheismusstreit dürften hier im Hintergrund stehen.

Die nächste Ausführung pointiert den neuen Ansatz und bringt die Gedanken zum Ziel:[19]

Der Gedanke gipfelt dann in einer überraschenden Aussage, die die **„Idee von Gott"** der **„Anschauung des Universums"** unterordnet.

Das hat mehrere Konsequenzen. Sie hängen weitgehend an philosophisch geprägten Vorentscheidungen. Zunächst sind zwei Aspekte hervorzuheben: „Der **handelnde Gott** der Religion kann aber unsere **Glückseligkeit** nicht verbürgen; denn ein **freies Wesen** kann **nicht anders wirken wollen auf ein freies Wesen** als nur, daß es sich ihm zu e r k e n n e n gebe, einerlei ob durch **Schmerz oder Lust**." (S. 130)

Der ‚handelnde Gott', die Wirksamkeit oder besser „die Wirklichkeit", kann die Erfüllung der Existenz, ihre „Glückseligkeit" nicht verbürgen. Mit „Glückseligkeit" ist hier wohl mehr an den aus der Antike kommenden

---

haben sie das, was man Atheismus nennt, neben sich gesehn, und es hat immer etwas gegeben, was ihnen irreligiöser schien als dieses. Auch Gott kann in der Religion nicht anders vorkommen als handelnd, und göttliches Leben und Handeln des Universums hat noch niemand geleugnet, und mit dem seienden und gebietenden Gott hat sie nichts zu schaffen, so wie ihr Gott den Physikern und Moralisten nichts frommt, deren traurige Missverständnisse dies eben sind und immer sein werden."

[19] „Damit Ihr aber nicht denket, ich fürchte mich, ein ordentliches Wort über die Gottheit zu sagen, weil es gefährlich werden will, davon zu reden, bevor eine zu Recht und Gericht beständige Definition von Gott und Dasein ans Licht gebracht und im deutschen Reich sanktioniert worden ist." (S. 124) „Denn jene rechtskräftige Definition ist doch noch nicht vorhanden, und es liegt am Tage, daß die größten Verschiedenheiten darüber statthaben." (S. 125)

Begriff „Glück" (beatitudo) oder Wohlbefinden (Wohlstand?) gedacht, als an biblische Begriffe wie „Heil" oder „Erlösung".

Die Vorstellung, der „handelnde Gott" sei für unsere „Glückseligkeit" zuständig, impliziert ein An-Sich-Sein Gottes „mit dem seienden (wie in der Metaphysik) und gebietenden (wie im Moralgesetz) hat die Religion nichts zu schaffen" – wie es im Kontext heißt. In der Religion geht es um die Wahrnehmung der Beziehung, d.h. einer unmittelbaren Erkenntnis. Diese Erkenntnis vollzieht sich – wiederum in einem Gegensatzpaar – in den Erfahrungen von „**Schmerz oder Lust.**" Gotteserkenntnis, „göttliches Leben und Handeln des Universums" (S. 130) einerseits und Welt-Erfahrung andererseits fallen so fast ineinander. Das ist kein Widerspruch zu der Absicht, Handeln des Universums und Gottesverständnis zu unterscheiden.

Die E r k e n n t n i s wird unmittelbar auf die E x i s t e n z bezogen, sie wird in unterschiedlichen bzw. gegensätzlichen Erfahrungen verankert.

Mit anderen Worten, **Schmerz oder Lust sind Abschattungen** (Äußerungen?) **Gottes** bzw. des Universums. **I n** Schmerz oder Lust wird Gott erfahren.[20]

Beachtenswert ist hier besonders, dass für die Erfahrungen ein konkreter Ort bezeichnet wird, eben die Existenz des Menschen. „Alle Lust will Ewigkeit", heißt ein Diktum bei J. W. v. Goethe. Mit anderen Worten, Lebensgewinn, Freude am Leben will – D a u e r, während mit dem „Schmerz" nicht nur die Hoffnung auf Vergehen, sondern das V e r g e - h e n selbst verbunden ist.

Die Gefühle sind zwar auf den Augenblick konzentriert – dennoch bleiben die Lebensvollzüge insgesamt eingespannt zwischen Dauer und Vergehen. Die Zeitlichkeit erscheint so als der Ort der Erfahrung des Unendlichen im Endlichen.[21]

---

[20] Die klassische Dogmatik hat dafür die Denkfigur „IN – MIT – UNTER.

[21] Dies ist eine weitere Prämisse – das „Handeln" stiftet eine Beziehung, die durch Metaphysik oder Moralgesetze nicht begründet werden kann. Wie sich Handeln freilich aktuell – in der Zeit – realisiert, wird nicht gesagt. „Schmerz und Lust" sind lediglich die Wahrnehmungen, auf die sich Schleiermachern konzentriert. „Auch Gott kann in der Religion nicht anders vorkommen als handelnd, und göttliches Leben und Handeln des Universums hat noch niemand geleugnet, und mit dem seienden und gebietenden Gott hat sie nichts zu schaffen." (S. 130)

Wenn ‚göttliches Leben und Handeln des Universums nicht geleugnet werden‘, dann will diese ‚Idee‘ nicht mit einem An-sich-Seienden Gott verwechselt werden. Wie sich das ‚Handeln‘ freilich aktuell – in der Zeit – realisiert, wird nicht gesagt. „Schmerz und Lust", sind lediglich die Wahrnehmungen, auf die sich Schleiermacher, seinem Konzept folgend, konzentriert.[22]

Die Souveränität Gottes, sein „freies Wesen" würde sich in einem isolierten (von außen gedachten) auf den Menschen einwirkenden Handeln ebenso begrenzen, wie es die Freiheit des Individuums einschränken würde. Gott und Mensch stehen sich in Freiheit gegenüber.

Das sind noch einmal sehr ungewohnte Gedankengänge.

Die Gotteserkenntnis – besser das Anschauen des Universums – wird abermals eingezeichnet in die Existenzvollzüge.

Schließlich wird noch einmal ein Strukturprinzip des Mensch-Seins aufgenommen, in dem auf die **zwei Grundkräfte** im Menschen verwiesen wird: **Einerseits** die passiven, aneignenden, weitgehend auf die Wahrnehmung bezogenen Vorgänge, die den **Sinn fürs Universum** prägen und **andererseits** die aktiven, gestaltenden Elemente – die in der **Phantasie,** dem Vorstellungsvermögen, der Einbildungskraft wirksam werden.

„Welche von diesen Anschauungen des Universums (in der Vielfalt des Endlichen im Unendlichen) ein Mensch sich zueignet, das hängt ab von seinem **Sinn fürs Universum,** das ist der eigentliche Maßstab seiner Religiosität, ob er zu seiner Anschauung einen Gott hat, das hängt ab von der **Richtung seiner Phantasie.** In der Religion wird das Universum angeschaut, es wird g e s e t z t als ursprünglich handelnd auf den Menschen." (S. 128 f.)

Ein doppeltes Entsprechungsverhältnis kommt hier offenbar zur Geltung. ‚Anschauung und Gefühl‘ bilden den Sinn fürs Universum. Die Aktivität, wie sie im inneren des Menschen angelegt ist, entfaltet sich hier in der Vorstellungskraft, der ‚Phantasie‘, als **„Bewußtsein der Freiheit"** und **„im**

---

22 Die Leerstelle, die sich hier auftut, wird dann später in äußerster Differenziertheit in „Der christliche Glaube nach den Grundsätzen der ev. Kirche im Zusammenhang dargestellt" gefüllt. Andeutungsweise nehmen es Aussagen in der „Vierten Rede. Über das gesellige in der Religion oder über Kirche und Priestertum" auf.

Gebrauch des Verstandes". Wiederum werden Prämissen des Denkens wirksam.[23]

Freiheit und Verstand – die großen Parolen der Aufklärung – kommen noch einmal als die großen Gestaltungskräfte des Menschen in den Blick. In der Spannung von Konsum und Produktion – wie oben erwähnt – will der Mensch alles durchdringen, „alles mit Verstand und Freiheit erfüllen". (S. 7)

Die eine Weise des Gestaltens heißt „den Geist des Universums personifizieren"[24] – „sich den höchsten Gegenstand der Religion aneignen", und so ‚als' einen Gott wahrnehmen.

Das Bewusstsein kann sich ein „freies Wesen" – den Geist des Universums – nicht anders vorstellen als „ursprünglich wirkend".[25] Die Anschauung des Universums, seine Wahrnehmung, geht der Phantasie, der gestaltenden Einbildung je voraus.[26]

Das ‚Personifizieren' ist eine Äußerung der Wahrnehmung, nicht seine „Setzung". Das ist eine wichtige Klärung, um Vermischungen mit anderen Positionen (z. B. Feuerbachs) zu vermeiden.

---

[23] „Hängt nun Eure Phantasie an dem Bewußtsein Eurer Freiheit, so daß sie es nicht überwinden kann, dasjenige, was sie als ursprünglich wirkend denken soll, anders als in der Form eines freien Wesens zu denken; wohl, so wird sie den Geist des Universums personifizieren und Ihr werdet einen Gott haben; hängt sie am Verstande, so daß es Euch immer klar vor Augen steht: Freiheit, habe nur Sinn im Einzelnen und fürs Einzelne; wohl, so werdet Ihr eine Welt haben und keinen Gott. Ihr, hoffe ich, werdet es für keine Lästerung halten, daß Glaube an Gott abhängt von der Richtung der Phantasie. (S. 128 f.)

[24] „Ich habe euch selbst … aufmerksam gemacht … auf verschiedene Richtungen, nach denen die Phantasie sich den höchsten Gegenstand der Religion individualisiert" sprich: aneignet (aus der fünften Rede, S. 185)

[25] Das darf nicht mit der Position Feuerbachs verwechselt werden. Der Gegenstand wird nicht vom Bewusstsein, vom Denken, produziert wie Feuerbach denkt, er wird in die Existenz einbezogen. Die Darstellung der geistes- geschichtlichen und philosophischen Zusammenhänge muss hier zurückgestellt werden.

[26] „Den Weltgeist zu lieben und freudig seinem Wirken zuzuschauen, das ist das Ziel unserer Religion und Furcht ist nicht in der Liebe" hieß es oben. Oder: „Anschauen will sie das Universum, in seinen eigenen Darstellungen und Handlungen will sie es a n - d ä c h t i g belauschen, von seinen unmittelbaren Einflüssen will sie sich in kindlicher P a s s i v i t ä t ergreifen und erfüllen lassen".

„Den Weltgeist zu lieben und freudig seinem Wirken **zuzuschauen**, das ist das Ziel unserer Religion und Furcht ist nicht in der Liebe." Dies begründet die ‚kindliche Passivität" – der Mensch bleibt auch mit seiner Phantasie „Empfangender".

Die andere Weise der Äußerung heißt dann den „Verstand" gebrauchen, und alles Unendliche in seiner Vielfalt und Fülle erforschen, es „habe nur Sinn im Einzelnen und fürs Einzelne" so tritt die Welt in Erscheinung. An der Weltgestaltung ist Schleiermacher hier nicht so interessiert.

(7) „Das Ziel der Religion ist", darauf hin strebt alles, dass „die scharf abgeschnittenen in Umrisse unserer Persönlichkeit sich erweitern und sich allmählich verlieren sollen ins Unendliche, daß wir durch das Anschauen des Universums soviel als möglich eins werden sollen mit ihm … Die meisten Menschen wollen nichts sein als sie selbst und sind ängstlich besorgt um ihre Individualität". (S. 131)
„Versucht doch aus Liebe zum Universum euer Leben aufzugeben. Strebt danach, s c h o n   h i e r Eure Individualität zu vernichten und im EINEN und ALLEN, strebt danach mehr zu sein als Ihr selbst, damit ihr wenig verliert, wenn ihr Euch verliert … und wenn ihr so mit dem Universum … zusammengeflossen seid und eine größere und heiligere Sehnsucht entstanden ist, dann wollen wir weiter reden über die Hoffnungen (!) die uns der Tod gibt, und über die Unsterblichkeit, zu der wir uns durch ihn unfehlbar empor schwingen …
Das ist meine Gesinnung … Gott ist nicht alles in der Religion, sondern eins und das Universum ist mehr … Die Unsterblichkeit darf kein Wunsch sein, wenn sie nicht erst eine Aufgabe gewesen ist, die ihr gelöst habt: Mitten in der Endlichkeit e i n s w e r d e n mit dem Unendlichen und e w i g sein in einem Augenblick, das ist die Unsterblichkeit der Religion." (S. 132 f.)
Die Sätze aus dem Schluss der zweiten Rede verschlagen einem noch einmal den Atem mit ihrer Prägnanz und ihrem Ausblick – der letzten Perspektive der Religion.
„Nichts sein wollen als sie selbst und sind ängstlich besorgt um ihre Individualität"– das klingt schon wie postmoderne Kritik am Individualismus.

Was aber ist die „Welt", was ist es um Weltverantwortung, Weltgestaltung, wenn eine „größere und heiligere Sehnsucht" entfacht werden soll, um „s c h o n h i e r Eure Individualität zu vernichten und im EINEN und ALLEN zu sein, strebt danach mehr zu sein als I H R selbst, damit ihr wenig verliert, wenn ihr Euch verliert".

Ist das mystische Weltflucht, Weltaufgabe? Der heutige Leser ist freilich noch mehr überrascht, wenn es weiter heißt:

„Die Unsterblichkeit darf kein W u n s c h sein, wenn sie nicht erst eine A u f g a - b e gewesen ist." (S. 133)

Und wie heißt die Aufgabe? „Mitten in der Endlichkeit e i n s w e r d e n mit dem Unendlichen und e w i g sein in einem Augenblick ... ".

Die Zitate sollen für sich am Schluss stehen und die Meditation ausklingen lassen – mit einem Nachsatz: Die letzte Perspektive der Religion ist eine (mystische?) Verwobenheit mit dem Universum. Diese lässt sich freilich nicht (zuerst) in ferner Zukunft erblicken, sie ist eine Herausforderung für die Gegenwart, für den Augenblick.

War von der Polarität der Wirklichkeit die Rede, wie die Gottheit ... ihr großes Werk, ... jedes bestimmte Dasein aus zwei entgegengesetzten Kräften zusammenzuschmelzen, sich selbst genötigt sah ... '(s.o.) so wird schließlich in der gegenwärtig wirkenden Perspektive die gegenseitige Verschränkung hervorgehoben. „Mitten in der Endlichkeit e i n s w e r - d e n mit dem Unendlichen und e w i g sein in einem Augenblick ... " Dies zu verstehen erschließt sich dann in der „Bildung zur Religion", wie sie die dritte Rede entfaltet.

* * *

Nach dem großen Bogen der Textbetrachtung möchte ich nach einem Ergebnis fragen, versuchen, zu sagen, was die Lektüre ergeben hat, die Gedanken sammeln, die sich auf dem Wege fanden.

Die ausführliche Betrachtung darf nicht darüber hinwegtäuschen, dass sie sich nur auf einem kleinen Feld bewegt, ein Ausschnitt ist, wie das Inhaltsverzeichnis verdeutlicht:

Friedrich Daniel Ernst Schleiermacher, Über die Religion.

Herausgegeben von Johann Friedrich Unger, Berlin, 1799

Die Themen haben für Schleiermacher alle eine Geschichte und eine Fortsetzung in seiner umfangreichen wissenschaftlichen Arbeit gefunden. Es spannt sich ein weiter Bogen von der Übersetzung der Texte des griechischen Philosophen Platon bis hin zu dem Standardwerk:

„Der christliche Glaube nach den Grundsätzen der evangelischen Kirche im Zusammenhang dargestellt"

Darüber hinaus sind die Themen in der Theologiegeschichte seit dem vielfach variiert, bedacht und entfaltet worden.

Für mich war es reizvoll, einmal einen Text im Ganzen zu betrachten. Es gilt nun vom Religionsverständnis Schleiermachers einige Richtlinien z u, oder Konsequenzen f ü r das große Thema ‚Gebet' daraus zu ziehen.

Teil II

Das Gebet lebt von der Gewissheit „Gott erhört das Gebet" und der Hoffnung auf sein Eingreifen.

Das war die Eingangsthese verbunden mit allen Fragen, die sie aufwirft. Welches Licht fällt nach der Lektüre der „REDEN" auf diese These? Einige Strahlen mögen dies erhellen. Drei Argumente für unser Thema fallen besonders auf – und es ist notwendig die Reflexion zum Thema Religion auf das Gebet zu beziehen.

(1) Für die „Sehnsucht nach Wunderbarem und Übernatürlichem", nach etwas, das „*über* die sinnlichen Erscheinungen und ihre Gesetze hinaus-

reiche" gibt es keine Perspektive, die „das Unendliche ... *außerhalb* des Endlichen" sucht (vgl. S. 38). Die Aufspaltung der Welt in Diesseits und Jenseits lässt sich nicht halten. Die Gottes-Vorstellung tritt hinter dem Universum bzw. dem Religionsbegriff merkwürdig zurück. Religion wirkt wie eine Milchglasscheibe hinter der sich das Geheimnis Gottes verbirgt. So kann Schleiermacher unbekümmert sagen:

(2) ... „dass die **Gottheit** durch ein unabänderliches Gesetz **sich selbst genötigt hat,** ihr eigenes großes Werk bis ins Unendliche hin zu entzweien" (vgl. S. 43) oder: „alle Begebenheiten in der Welt als **Handlungen eines Gottes** vorstellen, das ist Religion" (S. 39)

„In der Religion steht die **Idee von Gott** nicht so hoch, als Ihr meint", ... denn „mit dem seienden (der Metaphysik) und gebietenden (wie in der Moral) Gott hat sie – die Religion – nichts zu schaffen". (vgl. S. 45 und 48)

Das ‚An-Sich-SEIN' Gottes bleibt der Philosophie vorbehalten. In den ‚Begebenheiten der Welt', oder mit anderen Worten: in den Lebensvollzügen kommt Gott zur Erfahrung. Ein anderer Gedanken scheint dem zu widersprechen, wenn es heißt:

„Der **handelnde Gott** der Religion kann aber unsere **Glückseligkeit** nicht verbürgen; denn ein **freies Wesen** kann **nicht anders wirken wollen auf ein freies Wesen** als nur, daß es s i c h ihm zu e r k e n n e n gebe, einerlei ob durch **Schmerz oder Lust.**" (vgl. S. 49) Doch wenn ich recht lese, ist das Handeln Gottes nicht auf die Erfüllung unserer Bedürfnisse, sprich: ‚Glückseligkeit', gerichtet. Das Handeln Gottes, wie es in allen Begebenheiten wirkt, ist eben auch – wie alle Wirklichkeit – polar differenziert durch „Schmerz oder Lust".

Dies als Erkenntnis Gottes wahrzunehmen, ist etwas anders als die Erfahrung der ‚Glückseligkeit'.[27]

---

[27] Das steht wohl hinter Sätzen wie diesen „Spekulation und Praxis haben zu wollen ohne Religion, ist verwegen Übermut, es ist freche Feindschaft gegen die Götter, es ist der unheilige Sinn des Prometheus ... G e r a u b t nur hat der Mensch das Gefühl seiner Unendlichkeit und Gottähnlichkeit und es kann ihm als unrechtes Gut nicht gedeihen, wenn er nicht auch seiner Beschränktheit sich bewußt wird ... Auch haben die Götter von je an diesen Frevel bestraft... (Reden, S. 52 f.)

(3) In seiner Reflexion ist Schleiermacher weitgehend am Individuum, an der Struktur des Mensch-Seins orientiert. Ist Religion „Sinn und Geschmack fürs Unendliche" dann gilt doch (wie gesagt):

„Euere Organe **vermitteln** den Zusammenhang zwischen dem Gegenstande (den Begebenheiten) und Euch, derselbe Einfluß des letztern, der Euch sein Dasein offenbart, muß sie (die Organe) auf mancherlei Weise erregen u n d **in Eurem innern Bewußtsein eine Veränderung hervorbringen.**"

Die unterschiedliche Wahrnehmung Gottes sowie die unterschiedliche Struktur des Mensch-Seins ermöglichen „in Eurem innern Bewußtsein eine Veränderung hervorbringen." Dies ist ein erheblicher Prozess, denn das Gemüth **schwebt** zwischen der Wahrnehmung des Universums und seinem Ich, seinem Selbst (vgl. o. S. 44).

Dieses von Gott gesetzte Streben[28], ... „das durstige Ansichziehen und das rege und lebendige Selbstverbreiten ... " (vgl. o. S. 46f), dieses Schweben zwischen den unterschiedlichen ‚Trieben' findet sein Ziel, in dem es „das Gleichgewicht und die Harmonie seines Wesens" wieder herstellt. (vgl. o. S. 47) Erst die Religion ermöglicht die Balance, die innere Übereinstimmung des Menschen mit sich.

G e b e t meint unter diesem Vorzeichen die innere Auseinandersetzung mit der Wirklichkeit, mit dem Ziel eine innere Übereinstimmung von Situation (der als der jeweiligen Wahrnehmung des Universums) und der Existenz (als dem inneren Bewußtsein, bzw. dem Gefühl).

Darin findet der Mensch ein heilsames, wohltuendes Einverständnis mit einer notvollen oder beglückend erfahrenen Wirklichkeit. Er kann Sie annehmen und bejahen.

Die **Veränderung der Wirklichkeit** – losgelöst von der B e z i e - h u n g zum ‚Universum' (unserer Welterfahrung), das je eine B e t r o f - f e n h e i t auslöst, die das Bewußtsein verändert – findet keinen Raum.

---

[28] Jedes Leben ist nur das Resultat eines beständigen Aneignen und Abstoßens ... das durstige Ansichziehen und das rege und lebendige Selbstverbreiten ... Jede menschliche Seele ... ist nur ein Produkt zweier entgegen gesetzter Triebe. Der eine ist das Bestreben, alles was sie umgibt an sich zu ziehen, in ihr eigenes Leben zu verstricken ... Der andere ist die Sehnsucht, ihr eigenes Selbst von innen heraus immer wieder auszudehnen und alles zu durchdringen ...

So gehört wohl das Gebet – nach dem begrenzten Ausschnitt aus den Texten Schleiermachers – ganz in den Raum der Religion – zugleich eröffnet sie *eine Perspektive, die das Wollen und Handeln des Menschen bestimmt.*

Teil III

Zum Abschluss sollen nun noch einige Pfeiler für eine Brücke in die Gegenwart gesetzt werden. Zuerst spielen die vielen Veränderungen eine Rolle, die sich im Bewusstsein des Menschen, die sich im Verständnis des Gottesbegriffs vollzogen haben. Neben den geistesgeschichtlichen Wandlungen stehen technische und naturwissenschaftliche Entwicklungen. Über die inneren Zusammenhänge wird – von Ausnahmen abgesehen – wenig nachgedacht.[29]

Die Veränderungen werden aber immer noch nicht präzise erkannt. Der gravierende Paradigmenwechsel wird im gesellschaftlichen Leben kaum wahrgenommen. Im öffentlichen Bewusstsein ist der „Begriff von Gott" immer noch zusammengesetzt durch die „Merkmale der Außerweltlichkeit – Persönlichkeit – Unendlichkeit, und er wird zerstört, sobald eins von ihnen fehlt."[30]

Die Frage nach Gott ist die zentrale Schnittstelle zwischen den Texten insgesamt und uns. Auf den Gottes-Begriff zu verzichten, oder auch ihn gegen einen anderen Begriff auszutauschen, kann kein sinnvolles Unternehmen sein. Die einst volkstümlichen Gottesvorstellungen hat Schleiermacher treffend abgewehrt. Allerdings kann auch die Apologie der einstigen oder der gegenwärtigen Gottesvorstellungen kaum hilfreich sein. Dem gilt allein eine sorgfältige, präzise Bemühung um ein rechtes, heute angemessenes Verständnis.

---

[29] Ulrich Beck, Der eigene Gott – Friedensfähigkeit und Gewaltpotential der Religionen, Verlag der Religionen, 2008; Peter Gross, Jenseits der Erlösung – die Wiederkehr der Religion und die Zukunft des Christentums, Transcript, 2008

[30] 1801 schrieb F. S. G. Sack: „Der jetzt gewöhnliche Begriff von Gott ist zusammengesetzt aus den Merkmalen der Außerweltlichkeit – Persönlichkeit – Unendlichkeit, und er wird zerstört, sobald eins von ihnen fehlt." So bei Hans-Peter Grossmann, Gottes Verständnis und Freiheitsgefühl, a. a. O., S. 13; In der öffentlichen Diskussion spielen diese Gedanken eine oft kontroverse Rolle.

Wie viel Probleme das aufwirft, deuten etwa die theologischen Bemühungen in der wissenschaftlichen Literatur an.[31]

Die Gott-Suche, einschließlich der Ablehnung einer wie auch immer gearteten Gottesvorstellung, dem Atheismus, hat viele Dimensionen. Ein Aspekt kommt in der Diskussion um das Thema ‚Religion‘ zum Tragen. Dafür hat zunächst Schleiermacher entscheidende Weichen gestellt.

*Die „Sehnsucht ... darnach, „ob nicht etwas **über** die sinnlichen Erscheinungen und ihre Gesetze hinausreiche" ist wieder voll im Schwange. „... Freilich ist es eine Täuschung, das Unendliche grade außerhalb des Endlichen zu suchen." (s. o. S. 38) Ein AN-SICH-SEIN-GOTTES, also eine Außer-Weltlichkeit, kommt nicht mehr in Betracht.

Dieser Gedanke Schleiermachers, der ja eine Entscheidung impliziert, zieht sich bis zum Schluss durch die ganze Rede. Transzendenz heißt dann der Prozess, wenn „das Universum, (das Unendliche) im Einzelnen a l s einem Teil des Ganzen", „alles Beschränkte a l s eine Darstellung des Unendlichen" angeschaut, erfahren wird.

„Anschauen will sie das **Universum**, in seinen eigenen Darstellungen und Handlungen will sie es a n d ä c h t i g belauschen, von seinen unmittelbaren Einflüssen will sie sich in kindlicher P a s s i v i t ä t ergreifen und erfüllen lassen ... sie will im Menschen nicht weniger als i n allem anderen Einzelnen und Endlichen das U n e n d l i c h e sehen". (vgl. o. S. 40)

Die Position des Menschen wird kräftig markiert. Er ist Empfangender. Betroffenheit, Beziehung und (Selbst-)Bewusstsein bestimmen das SEIN des Menschen. Bedenkt man, wie nahe die Aussagen zum „Universum" einer neu zu qualifizierenden Gottes-Vorstellung kommen, so lässt sich ein doppeltes sagen: Einerseits kommen kaum übertroffene Aussagen zum Mensch-Sein zur Geltung, die Schleiermacher in vielen weiteren Texten entfaltet hat.[32]

---

[31] So etwa E. Jüngel, Gottes SEIN ist im WERDEN; oder: ders., Gott als Geheimnis der Welt; oder: ders., die Themen der Werner-Reihlen-Vorlesungen an der Humboldt-Universität Berlin, Gott der Philosophen – Gott der der Theologen – zum Gesprächsstand nach der analytischen Wende, Beiheft zur BThZ, 1999; Gott in der Kultur– Moderne Transzendenzerfahrungen und die Theologie, a. a. O., 2006

[32] „Jedes Leben ist nur das Resultat eines beständigen Aneignen und Abstoßens ... das

Dem müsste anderorts ausführlicher nachgegangen werden. Andererseits bleibt doch eine **Leerstelle,** wenn nicht von Gott mehr und vielleicht auch anderes gesagt werden kann – bleibt eine Leerstelle, wenn nicht vom Reden zu Gott deutlicher geredet werden kann. Das G o t - t e s – V e r s t ä n d n i s bedingt je eine gewisse Welt-Anschauung und umgekehrt, die W e l t – A n s c h a u u n g impliziert auch ein bestimmtes Gottes-Verständnis.

Damit steht die Frömmigkeit auf dem Spiel. Ein Vergleich von damals und heute erbringt interessante Details. Dem muss sich das Gespräch auch stellen. Der Vorwurf Schleiermachers gilt nach wie vor:

„Es ist Euch gelungen, das irdische Leben so reich und vielseitig zu machen, daß Ihr der Ewigkeit nicht mehr bedürfet … "

Doch heute bestimmen mehr denn je mancherlei Ängste trotz Wohlstand und vielfältiger (Ver-)Sicherung das Leben.[33] Welche Akzente bewegen die gegenwärtige Frömmigkeit? **Sehnsucht** regt sich überall.[34] Religiöse oder meditative, mystische Angebote versprechen eine therapeutische Wirkung. **Sehnsucht** – ein schillerndes und fragwürdiges Interpretament von Religion. Angesichts von Leistungsdruck, Hektik, oder einer allgemeinen Beschleunigung der Veränderungen, angesichts von Mobilität und Konsum

---

durstige Ansichziehen und das rege und lebendige Selbstverbreiten … Jede menschliche Seele … ist nur ein Produkt zweier entgegen gesetzter Triebe. Der eine ist das Bestreben, alles was sie umgibt an sich zu ziehen, in ihr eigenes Leben zu verstricken … Der andere ist die Sehnsucht, ihr eigenes Selbst von innen heraus immer wieder auszudehnen und alles zu durchdringen".

[33] Umweltkrise–Energiekrise–Finanzkrise–Wirtschaftskrise usw., usw. Just in dieser Zeit bricht die Rede von der Wiederkehr der Religion auf. Sollte dieser Zusammenhang zufällig sein? Freilich kann keine eindimensionale Kausalität abgeleitet werden. Die Phänomene sollen nur aufmerksam machen und keine vorschnellen Schlüsse freisetzen. Welche Akzente bewegen die gegenwärtige Frömmigkeit?

[34] Zu den individuellen Krisenerfahrungen kommen gesellschaftliche Wünsche, die sich im bunten Kanon der neueren religiösen Angebote prompt niederschlagen. Aus Angeboten und Werbezetteln der neuen religiösen Gruppen lassen sie sich leicht erheben so – die Sehnsucht nach der heilen Gemeinschaft in einer anonymen Gesellschaft; – die Sehnsucht nach „Ermächtigung" angesichts täglicher Ohnmachtserfahrung; – die Sehnsucht nach Meister/Mutter/Magier im glanzlosen Alltag; – die Sehnsucht nach der einen erklärenden Sicht oder Geschichte in der unübersichtlichen Welt.

bedarf der Mensch, jede Person, einer steten Stabilisierung – einer wachsenden Ich-Stärke, seine Identität nicht zu verlieren. Damit kommt die Struktur des Mensch-Seins in den Blick. Die Intention beschreibt exemplarisch **M. Nüchtern**[35].

„Für viele ist der Ü b e r o r t das eigene Selbst, ein Ideal-Ich, das sie als Allerheiligstes schützen möchten, vielleicht gerade deshalb, weil sie es als so bedroht erleben. Der Kult des. … eigenen Lebens hat an Boden gewonnen.

Das eigene Leben ist der Versuch und die Versuchung, **in sich selbst** Grund, Kraft, Ziel der Selbst- und Weltgestaltung zu finden", schreibt der Münchener Soziologe Ulrich Beck. Religion gibt dem Wunsch, der Hoffnung oder dem Vertrauen Ausdruck, dass es noch anderes geben möge als die Alltagswirklichkeit.

„Je unbefriedigender oder krisenhaft bedrohter der Alltag erlebt wird, desto stärker meldet sich die Sehnsucht nach Religion … " (sic !)

Zu den individuellen Krisen-Erfahrungen kommen gesellschaftliche Wünsche, die sich im bunten Kanon der neueren religiösen Angebote prompt niederschlagen." (a. a. O., M. Nüchtern)

* **Einerseits** sieht Schleiermacher den Menschen in der Spannung von Anschauung und Gefühl, von Wahrnehmung und Aktivität, von empfangen und gestalten, von Passivität und Spontaneität, wie die Pole im Lebensvollzug auch benannt werden (vgl. o. S. 46 f.). Es bleibt die Frage, ob ‚die individuellen Krisen-Erfahrungen' allein in der polaren Spannung des Mensch-Seins begründet sind, oder doch mehr aus dem ‚Universum' heraus dem Menschen überkommen.

Der notwendige und ‚beschwerliche W e g in das Innere des menschlichen Wesens' wird dem ‚Versuch und der Versuchung, **in sich selbst** Grund, Kraft, Ziel der Selbst- und Weltgestaltung zu finden', kaum gerecht.

Andererseits „setzt der Mensch dem Endlichen, … dem zusammenziehenden Streben nach etwas Bestimmtem und Vollendetem das erweitern-

---

[35] Aus: Michael Nüchtern, Eine wählerische Gottessuche – Immer individueller soll der Glaube sein, immer kirchenferner die Gesellschaft. Die Religionen müssen auf ungewohnte Erwartungen eingehen. DS Nr. 32.9, August 1996, S. 25

de S c h w e b e n im Unbestimmten und Unerschöpflichen an die Seite; s o
… stellt (er) das G l e i c h g e w i c h t und die Harmonie seines Wesens
wieder her, welche unwiederbringlich verloren geht, wenn er sich – o h n e
zugleich Religion zu haben – einer einzelnen Direktion überlässt".

Erst die Religion ermöglicht ihm die Balance, das Gleichwicht, zwischen „Genuss und Tätigkeit" (Produktion) zu finden. Sie ermöglicht die
innere Übereinstimmung mit sich selbst. Darin öffnet sich dem Menschen
eine ungeahnte Perspektive. Darin findet der Mensch ein heilsames wohltuendes Einverständnis mit einer notvollen o d e r beglückend erfahrenen
Wirklichkeit. Er kann Sie annehmen und b e j a h e n. Das ist doch wohl
das Z i e l der Bemühungen um ‚Selbst und Weltgestaltung'.

* Die Wahrnehmung des Unendlichen i m Endlichen ist heute gestört. Hier
liegt freilich auch eine Grenze im Denken Schleiermachers, „denn die Anschauung ist und bleibt etwas Einzelnes und Abgesondertes … . ohne Zusammenhang."[36]

Lassen sich die gesellschaftspolitischen, wirtschaftlichen Probleme unter dem Stichwort der ‚Wahrnehmung des Unendlichen im Endlichen' ver-
buchen und ihre Bewältigung dem Individuum antragen?

In der „*Dritten Rede,* Über die Bildung zur Religion" reflektiert Schleiermacher über den notwendigen Lernprozess. Er betont mit aktuell wirken-
der Klarheit den umfassenden Eigenwert der Religion:

„… in diesen Zeiten allgemeiner Verwirrung und Umwälzung … Wo nichts
unter allen menschlichen Dingen unerschüttert bleibt, … wo jeder … von den
heftigen Erschütterungen des Ganzen so gewaltig bewegt wird, dass er in dem
allgemein Schwindel froh sein muss, irgendeinen einzelnen Gegenstand fest genug
ins Auge zu fassen, um sich an ihn halten … zu können … in einem solchen
Zustande wäre es doch töricht, zu erwarten, daß v i e l e geschickt sein könnten,
das Unendliche wahrzunehmen." (S. 137)

---

[36] „Alles Einzelne als einen Teil des Ganzen, alles Beschränkte als eine Darstellung des
Unendlichen hinnehmen, das ist Religion (bzw. Frömmigkeit) was aber darüber hinaus will und tiefer eindringen in die Natur und Substanz des Ganzen, ist nicht mehr
Religion (S. 56) … bei den unmittelbaren Erfahrungen vom Dasein und Handeln des
Universums, bei den einzelnen Anschauungen bleibt sie stehen; jede derselben ist ein
für sich bestehendes Werk ohne Zusammenhang … von Ableitung oder Anknüpfung
weiß sie nichts." (S. 58)

Die Beurteilung der Situation von einst und heute unterscheidet sich wohl. Schleiermacher meint: In der Krise hat die Religion, wie er sie versteht, kaum eine Chance – während man heute anscheinend meint, dass in der Krise gerade nach Religion gefragt würde. Aber die Störung in der Wahrnehmung, die die B a l a n c e von Anschauung und Gefühl durcheinander bringt, lässt sich (nur) mit der Bildung überwinden.

„Ihr seid müde, das fruchtlose enzyklopädische Herumfahren (das stete Sammeln von Fakten) mit anzusehen, Ihr seid selbst nur auf dem Wege dieser S e l b s t b e - s c h r ä n k u n g das geworden, was Ihr seid, und ihr wißt, dass es keinen anderen Weg gibt, um sich zu bilden." (S. 164)

Die „Selbstbeschränkung" soll einen Schritt zur Überwindung der Störung bilden. Mit einem umfangreichen und komplexen Gedankengang wird das entfaltet.[37]

‚Im Einzelnen das Ganze, im Endlichen das Unendliche wahrzunehmen', heißt dann doch, es ‚um seiner selbst willen tun und fördern' ... In der Fülle der Wahrnehmung, ‚auf dem Gipfel der Vollendung' in der Erkenntnis des Einzelnen, kommt auch das Ganze in den Blick. Dies führt freilich zu einer aufregenden Konsequenz:

Dieses ..., ‚sich überall aufdringende Anerkennen des Fremden und Vernichten des Eigenen, ... muß notwendig eine lautere und bestimmtere Sehnsucht nach dem Unendlichen, nach dem Einen in Allem herbeiführen'. Hier klingt ein Wissenschaftsbegriff an, der sich gegen eine isolierte Forschung wendet.

Das ‚Vernichten des Eigenen' ... ‚das Verachten alles Endlichen und Beschränkten' nimmt wohl Anklänge an die Mystik auf. Es meint wohl das

---

[37] Wer viele angeschaut hat und kennt und sich dann entschließen kann, etwas einzelnes mit ganzer Kraft und um sein selbst willen zu tun und zu fördern, der kann doch nicht anders als auch das übrige einzelne für etwas zu erkennen, was um sein selbst willen gemacht werden und dasein soll ... und wenn er dann, was er wählte, so hoch getrieben hat, als er kann, so wird es ihm gerade auf dem Gipfel der Vollendung am wenigsten entgehen, daß e s (das einzelne, erwählte) nichts ist ohne das übrige. Dieses (die Wahrnehmung der Wirklichkeit) einem sinnigen Menschen sich überall aufdringende Anerkennen des Fremden und Vernichten des Eigenen, muß notwendig eine lautere und bestimmtere Sehnsucht nach dem Unendlichen, nach dem Einen in Allem herbeiführen. (S. 165)

Zurückstellen aller eigenen Interessen – zu Gunsten ,der dunklen Ahndung des Universums' – sie weckt die Sehnsucht nach dem Unendlichen', ,nach dem Einen in Allem'. Der Gedankengang führt noch weiter, wenn es heißt;

„Schaut Euch selbst an mit unverwandter Anstrengung, s o n d e r t alles ab, was nicht Euer Ich ist, fahrt so immer fahrt mit immer geschärfterem Sinn, und je mehr Ihr Euch selbst verschwindet, desto klarer wird das Universum vor Euch dastehn, desto herrlicher werdet ihr belohnt werden für den Schreck der Selbstvernichtung durch das Gefühl des Unendlichen in Euch." (S. 165 f.)

Was ist gemeint mit dem Diktum ,s o n d e r t alles ab, was nicht Euer Ich ist... ' Hingabe? Oder Weltflucht, Weltentsagung? Dies sind Gedanken, die uns weitgehend fremd geworden sind. Sie werden auch in der betreffenden Literatur kaum bedacht. ... , je mehr I h r E u c h selbst verschwindet, desto klarer wird das Universum vor Euch dastehn'.

In der Betrachtung des Gefühls klang schon so etwas wie ,Rauschhaftes' an, „das Ihr des Gegenstandes und Euerer selbst darüber vergeßt"[38] Anders reden Soziologen oder Philosophen von einem Phänomen wie ,Selbstentfremdung'. Ein weiter Horizont ist damit noch einmal angedeutet.

Das Zurückstellen aller eigenen Interessen hat etwas mit der Identität des Menschen zu tun. Das Selbst-Sein, das Selbstbewusst-Sein soll durch das Universum, bzw. durch die Sehnsucht nach dem Unendlichen bestimmt sein.

Neuerlich wird auf den Prozess, auf ,das stete Hinundherschweben', verwiesen, in dem die Spannung im Mensch-Sein aufgehoben wird. Ging es oben um die Balance, um das Gleichgewicht von Genuss und Tätigkeit[39], um zu einer inneren Übereinstimmung zu kommen. So geht es hier um die vielfältig erfahrbare und erfahrene Spannung, die einerseits **nach innen** und andererseits zugleich auf die **Außenwahrnehmung** gerichtet ist.

I C H und die W E L T sollen nicht nur ineinander fließen, bzw. gleichzeitig zur Geltung kommen als ,unbedingte Annahme ihrer innigsten Vereinigung', wie etwa bei der A R B E I T, der produzierenden Tätigkeit, oder in der L I E B E, sondern darin zur Ruhe, zum Ziel kommen.[40]

---

[38] Vgl. o. S. 46, Anmerkung 15
[39] Vgl. o. S. 15
[40] „Drei verschiedne Richtungen des Sinnes kennt jeder aus seinem eignen Bewußtsein:

So findet der Mensch zu seiner Identität im Horizont des Universums – freilich nicht einmal und ein für alle Mal, sondern ‚je mehr und mehr‘. Es ist ein Weg, den Schleiermacher ausführlicher bedenkt.[41] In den verschiedenen Bemühungen wird Religion „in einer neuen herrlichen Gestalt bessern Zeiten entgegen gehen."[42]

Einen sehr komplexen Begriff von Religion präsentiert hier Schleiermacher. Dabei übernimmt der Begriff des ‚Universums‘ weitgehend, was bis dahin zum Gottesbegriff gehört.

Erst Selbstbeschränkung, Selbstvergessenheit, Selbstentäußerung ermöglichen die Gottesbegegnung. Der Weltbezug entschwindet freilich darin. Dies erfordert einen neuen Ansatz der Betrachtung.

* Eine Generation später gewinnt der Religionsbegriff eine neue Relevanz. Die breite Entfaltung dieses Begriffs bei Schleiermacher verrät eine elitäre Ausrichtung auf die Gebildeten. Die Zahl der ‚Verächter der Religion unter den Gebildeten‘ hat mit der Zeit nicht abgenommen. Schleiermacher hat in gewisser Weise die Religionskritik Feuerbachs vorbereitet. Bei ihm gründet der Religionsbegriff in der Struktur des Mensch-Seins, er ist konzentriert auf Anschauung und Gefühl, als „Sinn und Geschmack fürs Unendliche".

---

die eine nach innen zu auf das Ich selbst, die andre nach außen auf das Unbestimmte der Weltanschauung, und eine dritte, die beides verbindet, indem der Sinn, in ein stetes Hinundherschweben zwischen beiden versetzt, nur in der unbedingten Annahme ihrer innigsten Vereinigung Ruhe findet; dies ist die Richtung auf das in sich Vollendete, auf die Kunst und ihre Werke. Nur eine unter ihnen kann die herrschende Tendenz eines Menschen sein, aber von jeder aus gibt es einen Weg zur Religion, und sie nimmt eine eigentümliche Gestalt an nach der Verschiedenheit des Weges, auf welchem sie gefunden worden ist. (S. 165)

[41] „Auf dem Wege der abgezogensten Selbstbeschauung das Universum zu finden, war das Geschäft des uralten morgenländischen Mystizismus, der mit bewundernswerter Kühnheit das unendlich Große unmittelbar anknüpfte an das unendlich Kleine und alles fand dicht an der Grenze zum Nichts." (S. 167 f.) „... Die schönste Selbstvergessenheit bewundere ich in allem, was er (ihr göttlicher Plato) in heiligem Eifer gegen sie (die Naturreligion) gesagt hat." (S. 169)

[42] „Sie (Religion und Kunst) zusammenzuleiten und in einem Bett zu vereinigen das ist das einzige, was die Religion auf dem Wege, den wir gehen, zur Vollendung bringen kann, das wäre eine Begebenheit, aus deren Schoß sie bald in einer neuen herrlichen Gestalt bessern Zeiten entgegen gehen würde." (S. 165 ff.)

Für Feuerbach gilt: *„Das absolute Wesen, der Gott der Menschen ist sein eigenes Wesen. Wie der Mensch denkt, wie er gesinnt ist, so ist Gott.* "[43] Daneben kommt dann ein völlig neuer Akzent zur Geltung. Er hat weit mehr die gesellschaftspolitischen wie philosophischen Auseinandersetzungen bestimmt.

„Religion ist **der Seufzer** der bedrängten Kreatur, das Gemüt einer herzlosen Welt, wie sie der Geist geistloser Zustände ist. Sie ist das *Opium* des Volks."[44]

Dieser Satz von Karl Marx aus dem Jahr 1844 hat seine eigene Wirkungsgeschichte. Er sollte jedoch im Kontext betrachtet werden, der wesentlich differenzierter klingt.

„Die Religion ist die allgemeine Theorie dieser Welt (für das Universum?), ihr enzyklopädisches Kompendium, ihre Logik in populärer Form, ihr spiritualistischer pointd'honneur (Ehrenpunkt), ihr Enthusiasmus, ihre moralische Sanktion, ihre feierliche Ergänzung, ihr allgemeiner Trost- und Rechtfertigungsgrund. Sie ist die phantastische Verwirklichung des menschlichen Wesens, weil das menschliche Wesen keine wahre Wirklichkeit besitzt. Der Kampf gegen die Religion ist also mittelbar der Kampf gegen jene Welt, deren geistiges Aroma die Religion ist … Das religiöse Elend ist in einem der Ausdruck des wirklichen Elendes und in einem die Protestation gegen das wirkliche Elend. Die Religion ist der Seufzer der bedrängten Kreatur, das Gemüt einer herzlosen Welt, wie sie der Geist geistloser Zustände ist. Sie ist das Opium des Volks. Die Aufhebung der Religion als des illusorischen Glücks des Volkes ist die Forderung seines wirklichen Glücks.

Die Forderung, die Illusionen über seinen Zustand aufzugeben, ist die Forderung, einen Zustand aufzugeben, der der Illusion bedarf. Die Kritik der Religion ist also im Keim die Kritik des Jammertales, dessen Heiligenschein die Religion ist."

Hier wird die Religions-Kritik politisch – sie wird zum Impuls für die Weltveränderung. Der Protest gegen die Welt, wie sie ist, ist „der Seufzer der bedrängten Kreatur, das Gemüt einer herzlosen Welt". Die „Seufzer der bedrängten Kreatur" haben sich in der aufkommenden Industriegesellschaft

---

[43] Ein Satz, der die Position F.s markieren soll – aus: Wikipedia Artikel Religionskritik, eine ausführliche Darstellung führte hier zu weit.

[44] Aus: Karl Marx, Zur Kritik der Hegelschen Rechtsphilosophie, in: Marx/Engels, Über Religion, S. 30 ff.

wohl lauter oder anders artikuliert als zur Zeit der „Reden" Schleiermachers. Die diakonischen Impulse eines Friedrich von Bodelschwingh, Johann Hinrich Wicherns und vieler anderer haben das ‚Jammertal' nur sehr
begrenzt verändert. Die „Willensbildung des Glaubens" in der Gesellschaft,
bzw. in den Kirchen, konnte gegen den „Geist geistloser Zustände" nicht
aufkommen.

Wie weit wurden die Seufzer aufgenommen, wie laut und intensiv wurden sie bzw. werden sie artikuliert, damit Gott sie erhört, bleibt eine aktuelle Frage. Die Antwort kann die Gedanken, wie sie entfaltet wurden, nicht
übergehen, sie muss sich den Anfragen stellen. So muss die Meditation mit
neuen Argumenten fortgeführt werden.

Wichtige Lesehilfe aus der überraschend umfangreichen Forschungsarbeit:

Christian Albrecht,
Die Ermöglichung von Korrelativität: Religion als Anschauung und Gefühl in
Schleiermachers zweiter Rede, in: Nico Scheuers, Hg., Welche unendliche Fülle offenbart sich da..., Die Wirkungsgeschichte von Schleiermachers ‚Reden
über die Religion', Papers read at the Symposium, Tilburg, 15. April 1999

Ulrich Barth,
— Religion in der Moderne, Tübingen, 2003
— Aufgeklärter Protestantismus, Tübingen, 2004

Ulrich Barth, Claus-Dieter Osthövener (Hg.),
200 Jahre „Reden über die Religion". Akten des 1. Internationalen Kongresses der Schleiermacher-Gesellschaft Halle, 14.-17. März 1999 (Schleiermacher
Archiv 19), Berlin / New York, 2000

Hans-Joachim Birkner,
Schleiermacher-Studien, Schleiermacher-Archiv Band 16, Berlin / New York'
1996.

Jörg Dierken,
Daß eine Religion ohne Gott besser sein kann als eine andere mit Gott – Der
Beitrag von Schleiermachers Reden zu einer nichttheistischen Konzeption des
Absoluten, in: 200 Jahre „Reden über die Religion". Akten des 1. Internatio-
nalen Kongresses der Schleiermacher-Gesellschaft Halle, 14.-17. März 1999
(Schleiermacher Archiv 19), Berlin / New York, 2000

Gerhard Ebeling,
— Schleiermachers Lehre von den göttlichen Eigenschaften, Wort und Glaube, Bd.II
— Frömmigkeit und Bildung, WuG III
— Beobachtungen zu Schleiermachers Wirklichkeitsverständnis
— Schlechthinniges Abhängigkeitsgefühl als Gottesbewußtsein
— Zum Religionsbegriff Schleiermachers, WuG IV
— Luther und Schleiermacher, Luther Studien, S. 405 ff.

Christof Ellsiepen,
Die spinozistischen Grundlagen von Schleiermachers früher Religionstheorie, Berlin / New York, 2006

Hermann Fischer,
Friedrich Daniel Ernst Schleiermacher, München, 2001

Hans Peter Grosshans,
— Alles nur Gefühl, Zur Religionstheorie Friedrich Schleiermachers, in: Staat – Christentum – Kultur, Akten des Kongresses, 2006, S. 547 ff.
— Selbsterkenntnis als Gotteserkenntnis – Zum Verhältnis von schlechthinniger Abhängigkeit und schlechthinniger Ursächlichkeit bei Friedrich Schleiermacher – in: Denkwürdiges Geheimnis – Beiträge zur Gotteslehre, Festschrift für Eberhard Jüngel, 2004
— Gottes Verhältnis und Freiheitsgefühl – Schleiermachers Theologie zwischen Neuzeit und Moderne, in: Schleiermacher: Denker für die Zukunft, de Gruyter, 2011

Friedrich Hertel,
Das theologische Denken Schleiermachers – untersucht an der ersten Auflage seiner Reden, Zürich, 1965

Michael Holze,
Schleiermachers Lehre vom Gebet, 2009

Jan Rohls,
Das Christentum – Die Religion der Religionen ... 4. Schleiermacher, 2008

Markus Schröder,
Die kritische Identität des neuzeitlichen Christentums. Schleiermachers Wesensbestimmung der christlichen Religion, Tübingen, 1996

Günter Wenz,
Sinn und Geschmack fürs Unendliche, F.D.E. Schleiermachers Reden über die

Religion, Sitzungsberichte der Bayerischen Akademie der Wissenschaften philosophischhistorische Klasse, Heft 3, S. 1–52, München, 1999

Meditation VI
Das Vermögen (die Vermögen) des Menschen

(1) Einführung

Das Gebet lebt von der Gewissheit „Gott erhört das Gebet" und der Hoffnung auf sein Eingreifen. So hieß es am Anfang der vorherigen Meditation. Nach den Betrachtungen der Gedanken von F.D. Schleiermacher stellt sich die Frage, ob sich der Betrachter h e u t e von diesem Satz verabschieden muss. Nicht nur die vielfältigen Variationen im Religionsverständnis legen dies scheinbar nahe. Die Mühe mit dem Verständnis Gottes in seinem Person-Sein, das mit dem – ja das Wahrnehmen eines ‚extramundanen'(von außerhalb der Welt) Eingreifen Gottes in den Geschehensablauf der Welt verbunden ist, verstärken die Anfragen.

Eine enge – vermutete oder behauptete – Verwobenheit im Verständnis von Gott und Mensch legen es nun aber nahe, die Betrachtung noch einmal zu beginnen. Ohne das bisherige zu vergessen, soll der Ansatz beim Mensch-Sein, besser beim Vermögen des Mensch-Seins liegen.[1]

Wenn ich anders formuliere, etwa: Was kann der Mensch? Welche Fähigkeiten hat er und wie setzt er sie ein? Dann stellen sich wohl sofort viele Bilder und auch viele weitere Fragen ein. Sie machen alle das Wesen des Menschen zum Thema.

* In der theologischen Tradition des Mittelalters wurde dies unter dem Thema potentiae animae, ‚die Seelenvermögen' verhandelt. Die Theologen haben dafür eine sorgfältig durchkomponierte Systematik entwickelt, in der das Menschsein reflektiert wurde.[2] Die Systematik stützte sich dabei seit Generationen auf die Arbeiten von Plato oder/und Aristoteles sowie allen folgenden, die ihre Gedanken weiterführten. Die Systematik lässt sich nicht

---

[1] Das Vermögen, materieller Art, wie es sich etwa in den Zahlen auf dem Bankkonto ausdrückt, ist ein sekundärer, nachgeordneter Aspekt.

[2] Anregend für diesem Abschnitt war besonders: Wilfried Joest, Ontologie der Person bei Luther, Göttingen,1967

einfach – eins zu eins – übernehmen. Systematik ist vielleicht auch nicht ganz zutreffend, weil heute leicht irreführend. Besser müsste es wohl ‚Gesamtschau' heißen. Es ging bei allen Theologen um ein Gefüge.

In diesem Gefüge steht das Zusammenspiel „Leib-Seele-Geist" oder m. a. W. sensus (Empfindung, Gefühl) – ratio (Vernunft) – Spiritus (Geist) zur Disposition.

In diesem Zusammenspiel bedarf es einer Steuerung, die den Menschen über die sinnliche Wahrnehmung aller Art und über das Streben nach einer Erfüllung der Bedürfnisse des Leibes (essen und trinken usw.) hinaushebt. Die Elemente der Steuerung sind der Intellekt, bzw. die Ratio und der Wille (voluntas). Jegliches Streben zielt auf die „Vervollkommnung der höchsten Anlagen seines natürlichen Wesens, des intellectus und der voluntas;"[3]

„... und zwar die **Vervollkommnung des intellectus** zur Erkenntnis Gottes und des geschöpflichen Seinsordo in seiner Hinordnung zu Gott und die **Vervollkommnung der voluntas** (des Willens) zum bewusst entscheidenden Streben nach Gott, u n d nach den Gütern der Welt nur in Unterordnung unter das Streben nach Gott"

Mit dieser Ausrichtung auf ein Gutes (bonum), dem eingestifteten Streben nach Glückseligkeit kommt die G o t t e s b e z i e h u n g in den Blick. Dies ist mir das eigentlich faszinierende an diesem Konzept, die Zusammenschau in diesem Gefüge, die umfassende Ausrichtung auf Gott. Diese Ausrichtung ist wohl das Wirken der Gnade – sie ist der Ursprung (d.h. ‚causa prima'), sie ermöglicht aber zugleich dem Anspruch Gottes zu entsprechen. Darin liegt nicht nur die Bestimmung des Menschen sondern auch seine Glückseligkeit.

Eine präzise Begrifflichkeit entfaltet unter diesem Vorzeichen die verschiedenen Fähigkeiten des Menschen. In Schichten oder S t u f e n vollzieht sich das Streben von der sinnlichen Wahrnehmung der inneren Bedürfnisse (Begierden) und äußeren Eindrücke zur wissenschaftlichen Durchdringung der Wirklichkeit (wie wir heute sagen würden), einem beharrlichen Suchen in angestrengter Denktätigkeit zum Streben nach rechter Lebensgestaltung. Je länger je mehr vollzieht sich im Laufe der Entwicklung ein immer differenzierteres Begriffssystem. Dies reflektiert die ganze

---

[3] Joest, S. 63 f.

Spannbreite, die einst kurz und einfach mit den mönchischen Ausdrücken von ‚ora et labora' – bete und arbeite – umschrieben wurde. Die vielfältigen Unterscheidungen von einst könnten mancherlei Anregung geben und den heutigen Problemen zugute kommen.

* Die wissenschaftliche Weltdurchdringung heute – d. h. die Erkenntnis des geschöpflichen Seinsordo – hat sich freilich so umfassend entwickelt und differenziert, das eine Hinordnung auf Gott nicht mehr nachvollziehbar scheint. Im Laufe der Jahrhunderte haben sich schrittweise – über Renaissance, Reformation, Aufklärung – Veränderungen vollzogen, die man sich selten bewusst macht. In den letzten zwei Jahrhunderten haben sich noch einmal Aufspaltungen vollzogen:

Im Laufe der industriellen Revolution haben sich Praxis/Produktion und wissenschaftliches Forschen verselbständigt – aber auch immer wieder gegenseitig herausgefordert, ergänzt. Energiegewinnung, Gentechnologie, Weltraumforschung, Kommunikationstechnologie seien nur als Beispiele genannt.

Seit etwa zwei Generationen ist der Fortschrittsoptimismus allerdings erheblich gedämpft. Die Zwiegesichtigkeit aller Bemühungen wird mehr und mehr deutlich, ohne dass die Forschungen zurückgefahren würden. Die existentielle Geborgenheit weicht einer wachsenden ‚Sorge' und ‚Existenzangst'.[4]

Dies alles aber erschwert das Geschehen, das uns widerfährt, als ein Wirken Gottes wahrzunehmen und in einem Zusammenhang mit unserem Glauben zu sehen. Dies muss uns aber bei unserem Thema bewusst sein.

In dieser Betrachtung wird deutlich, w i e eng Wahrnehmung und Erfahrung, ihre emotionale wie rationale, vernunftgeleitete Verarbeitung, das Erkennen und schließlich das Wollen zusammengehören. Ist aber das Gebet auf die Welterfahrung und auf mögliche, notwendige, erhoffte oder erbetene Veränderungen gerichtet, erweist sich das Gebet als die Schnittstelle aller dieser Vermögen.

---

[4] Dem ist jüngst ausführlich und überzeugend unter den Stichwort „Säkularisierung" nachgegangen Michael Beintker, *Frei für die Zukunftdie evangelischen Kirchen zwischen Reform und Reformation"*, Vortrag auf der 7. Vollvers. der GEKE in Florenz, Sept. 2012

Das darin wirksame Begehren und die erfahrene Bedürftigkeit des Lebens öffnen so den Horizont auf die unverfügbaren, zukünftigen Möglichkeiten des Menschen.

Damit kommt schließlich die Gottesbeziehung n e u in den Blick, ob sie akzeptiert wird oder nicht.[5] Dies stellt aber viele neue hermeneutische Aufgaben.

(2) Denken und Handeln

Deshalb suchen wir nach einem anderen Start zur Betrachtung der Vermögen des Menschen. Vermögen meint hier zunächst die Zusammenfassung aller menschlichen Fähigkeiten. Sie stellen sich mir dar in den Koordinaten

von Denken und Handeln (Rationalität, Vernunft, Vernünftigkeit)

von Anschauung (*Wahrnehmung*) und Gefühl (wie gesehen)

von Erinnerung und Erwartung (der Sprachbezug).

Schließlich stellt sich in diesem Zusammenhang die Frage nach der Kommunikation. Diesen Koordinaten soll nun – zunächst – im Einzelnen nachgegangen werden. Wieweit die einzelnen Aspekte auf einander bezogen werden können, ist dann weiter zu fragen. Die Stichworte führen bei weitergehender Betrachtung in ein umfangreiches Feld, der (Geistes-) Geschichte einerseits wie der Bewegung der Existenz insgesamt andererseits.

* *Denken und Handeln* – Theorie und Praxis – zwei Maß gebende Aspekte der Neuzeit. Wie sie das Spiel der Lebensführung und Lebensgestaltung prägen ist uns kaum noch bewusst. Sie stehen wie Signale nicht erst am Beginn der Neuzeit: Aristoteles unterschied zwischen poiesis und praxis. „poiesis" – das meint das Machen, Herstellen – das funktionale Handeln im Kontext unserer erworbenen Fähigkeiten. Mit der Konsequenz: Wir sind, was wir machen – oder besser: Wir sind, was wir können. Das Handeln wirkt so auf das Selbstverständnis. Dabei bleibt zunächst das Gelingen oder

---

[5] Die jüngste umfassende Darstellung: Rudolf Bohren, Das Gebet, Edition Bohren (2), Waltrop, 2003 lässt diesen Zusammenhang leider unberücksichtigt.

Scheitern ausgeblendet. Sagt man ‚Erfolg' oder ‚Versagen' brechen wohl die Konflikte auf, die das Selbstverständnis entscheidend beeinflussen. „Praxis" meint demgegenüber weitergehend das Handeln, das seinen Sinn in sich selbst trägt. Hier geht es mehr um das Verhalten in den menschlichen Beziehungen, wie z. B. Freundschaft. „Wir sind, w i e wir s i n d" bzw. „Was wir sind, können wir nicht machen". Mehr als der Erfolg im produktiven Geschehen bestimmt der große Bereich des kommunikativen Handelns unser Leben. Im Bereich des produktiven Tuns, lassen sich Fehler verhältnismäßig leicht korrigieren. Im kommunikativen Handeln führt das Versagen, das Misslingen zu gestörten Beziehungen – zu Beziehungen, die daran zerbrechen (können) – sie werden leicht einseitig zerstört, aber lassen sich nicht einseitig beheben. Hier sind wir auf den Partner, die Gemeinschaft angewiesen.

Anerkennung, Annahme, Zuwendung einerseits, wie Schuld, Verfehlungen und die Erneuerung der Beziehungen durch Nachsicht, Verzeihen oder Vergebung machen die tiefe Asymmetrie in diesem Geschehen, unsere Abhängigkeit von einander deutlich. Unser Verhalten in diesem Feld, unser Umgang darin erfordern einen eigenen Modus der Wahrnehmung, und besondere Reaktionsmuster.

Hier kommen bereits die Gefühle ins Spiel, aggressives Verhalten, Verdrängen von negativen Erfahrungen und Eindrücken, ebenso wie Offenheit für einander, die Dankbarkeit oder das Mitleid erfordern die Ausbildung besonderer Fähigkeiten.

Sie führen – nur soviel sei zunächst hier gesagt – in das Feld der Spiritualität.

* Auf einen anderen Spannungsbogen ist weiterhin aufmerksam zu machen. Wie ein erstes Signal läutet Rene Descartes (1596–1650) den Beginn der Neuzeit ein mit dem Satz: Cogito-ergo sum / „ich denke-also bin ich". Auf der Suche nach einer letzten Wahrheit werden bei ihm alle Erkenntnisse und Erfahrungen geprüft und in Frage gestellt. „Gewissheit der Erkenntnis (vor allem:'Gottes') zu erlangen, war das erklärte Ziel seines Denkens."[6]

---

[6] Ausführlich und in einem breiten Zusammenhang reflektiert: vgl. E.Jüngel, Gott als Geheimnis der Welt, § 9, Die neuzeitliche Begründung des Denkens im cartesischen ‚ich denke' als Ansatz zur Zerstörung der meta- Physisch begründeten Gottesgewissheit: (1)

Bedeutsam sei an dieser Stelle nur der Hinweis auf den Zusammenhang, wie das D e n k e n der Vergewisserung der Existenz dienen soll. Nahezu zweihundert Jahre später setzt J. W. v. Goethe in seinem Drama „Faust" (um 1810) ein anderes Signal: „Im Anfang war die Tat…" lautet seine Paraphrase zu dem Wort aus dem Johannes-Evangelium, nach dem er die Varianten „im Anfang war der Sinn" – „im Anfang war die Kraft" – verworfen hat. Was den Menschen zur T A T bewegt, wird schon in der Eröffnung, im „Prolog im Himmel", durch den Widersacher (Mephistopheles) beschrieben:

Er ist sich seiner Tollheit halb bewußt;
Vom Himmel fordert er die schönsten Sterne
Und von der Erde jede höchste Lust,
Und alle Näh und alle Ferne
Befriedigt nicht die tief bewegte Brust.

Erschreckend, wie die tiefe Ambivalenz von Denken und Handeln, schon zu Beginn des 19. Jh. – vielleicht mehr geahnt als erfahren – aber jedenfalls in das Blickfeld gerät. Es ist eine doppelte Perspektive, die den Menschen bestimmt.

‚Vom Himmel' – bezeichnenderweise wird nicht ‚Gott' gesagt, aber doch wohl nach dem Dialog von ‚DER HERR' und ‚Mephistopheles' gemeint. ‚Vom Himmel fordert er' – so eine angemessene Umschreibung von Gebet. Der erbetene Inhalt: die schönsten Sterne, also Glanz, Ansehen und damit Macht. „Und von der Erde jede höchste Lust", die äußerste Befriedigung aller Bedürfnisse, die Erfüllung – so Goethe – ist auf diesem Wege nicht zu erreichen.

Hinter einer tief religiösen Sprache ist die Kritik an der menschlichen Seele, am Seelenvermögen, nicht zu überhören. Zwei Stimmen seien dieser Wertung an die Seite gestellt.

Die Macht des Zweifels: der methodische Zweifel als Ansatz zur Begründung der Notwendigkeit Gottes, S. 148, oder: ders., Gottesgewissheit, in: Entsprechungen – Theol. Er- örterungen, S. 252 ff., Und: G. Ebeling, Gewissheit und Zweifel – die Situation des Glaubens im Zeitalter nach Luther und Descartes, in: WORT und GLAUBE, II S. 138–183

Bei Schleiermacher lautete die Wertung in einem völlig anderen Kontext und in einer anderen Sprache: „Es ist Euch gelungen, das irdische Leben so reich und vielseitig zu machen, dass Ihr der Ewigkeit nicht mehr bedürfet... "[7]

Hier ist die Wirklichkeit nicht aufgespaltet in den Glanz von oben und der Befriedigung aller Bedürfnisse. In der Wahrnehmung aber stimmen die Aussagen überein. In den Erfahrungen des Lebens gibt es für einen Gottesbezug keinen Platz. Die Leidenschaft des Begehrens aber kommt nicht zum Ziel, „befriedigt nicht die tief bewegte Brust", die erst von der Ewigkeit her zur Ruhe kommt (Augustinus).

* Jenseits aller Frömmigkeit kommt fast gleichzeitig ein anderer Prozess in Gang, der besonders unter dem Titel *Kommunistisches Manifest (1948)* geschichtsmächtig geworden ist. In der ‚Kritik zum Gothaer Programm' – eine der Stationen der Geschichte der Sozialdemokratie – bringt es dann Karl Marx auf den Punkt: „Jeder nach seinen Fähigkeiten, jedem nach seinen Bedürfnissen!"[8] In der ARBEIT kommen ‚Denken und Handeln' in eins, die freilich durch die ‚knechtende Unterordnung' die Selbstentfremdung befördert.

Die Überwindung der Selbstentfremdung wird – rein immanent – als politische Aufgabe gesehen. „Der Mensch ist mit sich uneins... "[9] hieß es bereits. Das ist aber ein Ansatz, der ein unauflösliches Defizit markiert. Es kann politisch nicht aufgelöst werden, wie manche noch hofften. B. Brecht hat die Problematik hundert Jahre später realistischer eingeschätzt.

* Ein weiterer Aspekt ist hinzuzufügen. Wer die jüngste Geschichte des Themas ‚Denken und Handeln' bedenkt, wird nicht umhin können, die ge-

---

[7] Vgl. daselbst, Meditation V

[8] „In einer höheren Phase der kommunistischen Gesellschaft, nachdem die knechtende Unterordnung der Individuen unter die Teilung der Arbeit, damit auch der Gegensatz geistiger und körperlicher Arbeit verschwunden ist; nachdem die Arbeit nicht nur Mittel zum Leben, sondern selbst das erste Lebensbedürfnis geworden; nachdem mit der allseitigen Entwicklung der Individuen auch ihre Produktivkräfte gewachsen und alle Springquellen des genossenschaftlichen Reichtums voller fließen – erst dann kann der enge bürgerliche Rechtshorizont ganz überschritten werden und die Gesellschaft auf ihre Fahne schreiben: Jeder nach seinen Fähigkeiten, jedem nach seinen Bedürfnissen!" – Karl Marx: Kritik des Gothaer Programms, (1875), MEW 19, 21.

[9] Vgl. daselbst, Meditation IV

waltigen Leistungen wahrzunehmen, die sich ereignet haben.[10] Ein Prozess der sich immer rasanter entwickelt.

Er belegt und übersteigert den Erfolg, der dem Menschen im ‚Faust' wohl vorschwebte. Die Bedürfnisse und ihre Befriedigung bleiben freilich gänzlich im innerweltlichen Bereich befangen. Dabei bleibt – einerseits – die Frage nach der Sinnhaftigkeit einzelner Projekte offen, z.B. der Raumfahrt etwa. Andererseits folgt daraus die Frage: Wo liegen die Prioritäten gesellschaftlichen Handelns, Vermehrung des Wissens, Hilfe und Beförderung des Lebens oder, oder . . . ? Wer entscheidet darüber? Mehr und mehr wächst die Erkenntnis, dass hier der Mensch zur Verantwortung herausgefordert ist. Diese Herausforderung weitet den Horizont und öffnet ihn für einen anderen Kontext seiner Existenz. Bleiben ‚Denken und Handeln' aufeinander bezogen, zwingt dieser Bezug immer wieder zu einer besonderen Wahrnehmung. Wenn das Vermögen, die Möglichkeiten des Handelns an seine Grenzen stoßen, zu Krisen führt, macht sich die Reflexion der Situation zwingend notwendig, dies ist dann ein besonderes Sprachgeschehen.

Darin gewinnt dann die Aufgabe der W i l l e n s b i l d u n g ihre außerordentliche Bedeutung. In welchem Orientierungsrahmen, nach welchen Maßstäben vollzieht sich die Willensbildung, damit das daraus folgende Handeln dem Leben dienen kann? Darauf kommt es an. Dies, und dies allein, müsste in unserer Zeit wieder neu ins Bewusstsein treten. Hier hätte Gesellschaftskritik anzusetzen und z.B. beherzt der gefährlichen Wachstumsideologie entgegenzutreten. So muss zunächst ein umfassender Prozess der gesellschaftlichen Bewusstseinsbildung einsetzen.

Wer vermag das zu leisten, wie kann der Mensch, ein jeder auf s e i n e Weise, dem entsprechen, was dem Leben dient?

Damit – mit der Aufgabe der gesellschaftlichen Bewusstseinsbildung – ist dem Gebet bereits der Ort der inneren, geistlichen Auseinandersetzung zugewiesen.

* Die Entwicklung von ‚Denken und Handeln' mit all den erkennbaren Möglichkeiten für die Bewahrung des Lebens hat an der *Bedürftigkeit* des

---

[10] Atomspaltung / Weltraumfahrt / Medizintechnik / Gentechnologie / Kommunikationstechnologie bzw. die IT- Branche / mit allen einzelnen Schritten, die dahingeführt haben: Man betrachte nur die Entwicklung von Rundfunk / TV / Internet im Laufe von drei Genrerationen.

Menschen und seiner *Begrenztheit* nichts geändert. Für jeden Menschen bleibt es – wohl unter je wechselnden Bedingungen – ein Kampf, ein stetes Bemühen um die Existenzsicherung. Er bleibt zur Lebensbewältigung angewiesen auf die das Leben sichernden Zu- und Vorgaben.[11] Damit sind m. E. zwei Aspekte markiert, die dem Gebet seinen Ort weisen und für die Gestaltungsmomente zu präzisieren wären.

Dies ist eine notwendige Erkenntnis. Dies soll nicht neuerlich eine besondere „Provinz im Gemüt" (Schleiermacher) reklamieren, aber auf eine besondere Wahrnehmung und Motivation aufmerksam machen.

(3) Wahrnehmung (Anschauung) und Gefühl

Anschauung und Gefühl, wie Schleiermacher sagt; vielleicht sollte heute besser von Wahrnehmung, dem Eingang der vielfältigen Eindrücke und ihrer meist verborgenen Wirkungen, den Emotionen, geredet werden.

Damit ist ein weiteres Paar von Koordinaten des Lebens benannt. Sie stehen neben – oder ü b e r – oder auch i n den Koordinaten von ‚Denken und Handeln'.

Die häufige Frage am Krankenbett oder im therapeutischen Gespräch: „Wie fühlst du dich?" signalisiert die weitgehend unreflektierte Bedeutung des Gefühls. Wie stark die äußere Erscheinung eines Menschen oder eine bestimmte Wortwahl Emotionen wecken und die Reaktion bestimmen wird häufig unterschätzt.

Wahrnehmung oder Anschauung, Gefühl oder Gestimmt-Sein – schon die unterschiedlichen Begriffe weisen auf einen eigenen und äußerst komplexen Zusammenhang hin.

Wahrnehmung: Sehen, Hören, Riechen, Schmecken, Tasten, Empfinden – eine Fülle von Impulsen und Reizen der Sinnesorgane berühren uns. Sie bestimmen in ihrem Zusammenspiel unser Wohlbefinden oder unser Unbehagen. In Freude und Trauer, Wut oder Zorn, Angst und Sorge oder Hoffnung und dergleichen mehr, entfalten sich die Stimmungen oder Gefühle. Sie drängen zugleich auf eine Äußerung.

---

[11] Vgl. daselbst, Meditation II

* Die Hirnforschung vermittelt heute dazu wesentliche Einsichten. „W a s wir wahrzunehmen in der Lage sind und w i e wir wahrnehmen, ist durch die Natur der kognitiven Prozesse in unserem Gehirn festgelegt."[12] Mit ‚Denken und Handeln' verbunden und doch eigenständig wirkend heißt es zu diesem Prozess:

„In unserem Gehirn kommen fortwährend weit mehr Signale von Sinnesorganen an, als uns bewusst ist... vieles von dem was wir tun oder lassen, verdankt sich unbewusster Erkennungsleistungen... weil der Mensch aber keine lückenlose bewusste Kontrolle über seine Motive hat, entwickelt er Wahrnehmungsstrategien."

Die vielfältigen Reize oder Ereignisse, die auf uns einwirken, wie sie ausgewählt, verarbeitet und gespeichert werden, ist zugleich ein „hochaktiver und hypothesen-gesteuerter Interpretationsprozess".[13]

Mit der Wahrnehmung vollzieht sich zugleich in der Hirnrinde ein komplexer Vorgang des Ordnens und Deutens auf Grund von vorausgehenden Erfahrungen.[14] Wie die gespeicherten Wahrnehmungen präsent und abrufbar sind bzw. bleiben, muss im nächsten Abschnitt ausführlicher zum Begriff „Erinnerung" bedacht werden.

Den Ort für diesen Prozess – das sei zunächst die These – bezeichnen wir mit ‚Seele'. Damit kommen wir auf den Ausgangpunkt dieser Meditation zurück.

Die mittelalterliche Theologie fragte nach den ‚potentiae animae', dem (oder) den Vermögen der Seele: Ist das ‚Vermögen' ein Singular oder ein Plural? Löse ich das Problem auf in die Frage: „Was vermag die Seele?" – verschiebt sich der Fragehorizont auf das schöne Wort „Seele". Heute wird es gern versteckt unter dem Begriff Psychologie – einer besonderen Wissenschaft.[15] Nur zwei Sätze seien zitiert, um auf das gegenwärtige Verständ-

---

[12] Wolf Singer, Wahrnehmen, Erinnern, Vergessen, Pastoraltheologie, 99. Jg. 2010, S. 330 ff.

[13] A. a. O., S. 331 f.

[14] A. a. O., S. 333

[15] Vgl. Artikel Psychologie, in: Wikipedia: „Psychologie ist eine empirische Wissenschaft: Sie beschreibt und erklärt das Erleben und Verhalten des Menschen, seine Entwicklung im Laufe des Lebens und alle dafür maßgeblichen inneren und äußeren Ursachen und Bedingungen." Nach dem Zweiten Weltkrieg avancierten tiefenpsychologische Ansätze innerhalb der Psychologie kurzzeitig zum Forschungsparadigma. Insbesondere in den

nis von Psychologie aufmerksam zu machen: Die Lehre von der Psyche fragt nach dem „Erleben und Verhalten des Menschen (1) … und allen maßgeblichen inneren und äußeren Ursachen und Bedingungen" (2). Dies entspricht wohl dem neuzeitlichen Wirklichkeitsverständnis, dürfte aber eine erhebliche Einschränkung des Problems sein, wenn nach der „Seele" selbst gefragt wird.

Das Erleben, die Impulse, die uns erreichen und prägen, wirken wohl intensiver in unserer Seele, als wir es uns oft bewusst machen. Das gilt auch für das Verhalten. Über die inneren Beziehungen zwischen Erleben und Verhalten wird im alltäglichen Ablauf kaum nachgedacht – es sei denn, die Beziehungen sind gestört. ‚Seelsorger' und ‚Psychotherapeut' können darüber wohl ausführlich erzählen.

Wird ausschließlich nach dem Erleben und Verhalten des Menschen gefragt, so bleibt ein Problem verborgen,[16] um am Ende u n d bei jeglicher Bedrohung des Lebens mit neuer Dringlichkeit aufzutauchen. Wie steht es um das Verhältnis von Leib u n d Seele. In jedem ‚seelsorgerlichen' oder psychotherapeutischen' Gespräch ist dieser Kontext – obwohl in ganz unterschiedlicher Weise – präsent.

* Die Theologie hat das Thema, die Frage nach der Seele, lange verdrängt. „Die Seele als K o n t a k t s t e l l e zu Gott wurde suspekt"[17], weil die Frage nach Gott, nach der Gotteserfahrung bzw. Gotteserkenntnis suspekt geworden war. Viele Kräfte mögen daran mitgewirkt haben. Ein Aspekt lässt sich heute wohl erkennen.

Für modernes, wissenschaftlich geprägtes Denken fällt es schwer, einen Begriff wie ‚Seele' ohne Substanz wahrzunehmen. Was ich mir nicht ‚gegenständlich', immateriell, vorstellen kann, ist letztlich nicht wirklich.

Bereichen Motivation und Kognition gab es Versuche, tiefenpsychologische Annahmen in der Modellbildung zu berücksichtigen.

[16] Wolf Singer, Wahrnehmen, Erinnern, Vergessen", Pastoraltheologie, 99. Jg. 2010, S. 332 „Den meisten Alteuropäern galt und gilt es als selbstverständlich, dass beim Tod eines Lebewesens die Seele sich vom Leibe trenne wodurch letzterer zerfalle."

[17] Christoph Gestrich, Die Seele des Menschen als Gegenstand der christlichen Pflege und der philosophischen Diskussion, in: An Leib und Seele gesund, Beiheft der Berliner Theologischen Zeitschrift, 24.Jg., 2007, S. 33

Demgegenüber ist zunächst zu lernen: S e e l e meint somit zuerst nicht nur den Ort, an dem sich die Wahrnehmung versammelt, sondern ein G e - s c h e h e n, einen Vorgang. Deshalb müssen die Vorgänge und Leistungen des Gehirns zur Wahrnehmung miteinbezogen werden.

Seele meint einen P r o z e s s, der durch „Intentionalität und Kontinuität" bestimmt ist.[18] Unser Leben ist „richtungsorientiert": Auf „Motivation und Kognition" wurde, schon hingewiesen. Menschliches Leben ist auf etwas aus. Worauf ist menschliches Leben aus? Das kam eben schon ins Blickfeld. Freilich nicht nur einzelne Erkenntnisse werden erstrebt, oder die Einsicht in Zusammenhänge – beides nicht nur Intentionen der Wissenschaften. Das, worauf ich aus bin, bestimmt mein Leben, mein Denken und Tun – und verändert mich, z. B. mit der Karriere. Alles ‚Dichten und Trachten', alles ‚Hoffen und Bitten' sind darauf bezogen. Die Intentionalität des Menschen umfasst schließlich a u c h die „vorgängige Ausgerichtetheit des Menschen auf Gott, die aus theologischer Sicht schon besteht, b e v o r wir sie bewusst aktualisieren."

„Der G o t t e s b e z u g scheint der Extremfall des menschlichen Über-Sich-Selbst-Hinausgehens zu sein, wenn er ausführt, worauf er ausgerichtet ist. Er verändert sich, bewusst oder unbewusst. Oft wird es schon an der Haltung deutlich. Die Intentionalität verändert und bedroht den Menschen. Sie stellt ihn in eine gewisse Unsicherheit, die seine Identität, die Kontinuität seiner Person bzw. Seele gefährdet. Verliert sich der Mensch mit der Intentionalität, mit dem ‚aus-sich-heraustreten' bei der Überschreitung seiner Grenze – oder bleibt er sich treu? Der Mensch überschreitet sich, weil er eben der Mensch ist – und doch bleibt er bei sich, ein Zusammengehaltener. Es muss ‚etwas geben, was ihn auch in seinem Überschreiten zusammenhält – eben seine Seele"[19]

Diese Zusammenhänge bleiben oft verborgen, unbedacht. Sie spielen aber in den Koordinaten ‚Wahrnehmung und Gestimmtsein' für die Willensbildung, für das Gebet eine große Rolle.

Denn Gottes Eingreifen bleibt eben als G o t t e s – Eingreifen so unbedacht und unerkannt. Dies mag der folgende Gedankengang erhärten.

---

[18] A. a. O., S. 34
[19] A. a. O., S. 35, In anderer Weise hat das selbige Thema betrachtet: Ulrich Barth, Selbstbewußtsein und Seele, in: ZThK Bd 101 (2004) – er geht darin besonders den philosophie-geschichtlichen Entwicklungen und Zusammenhängen nach.

* Wie stark es jegliche Wissenschaft mit T r a n s z e d e n z zu tun hat, ebenso wie jegliche Existenz(!), ist uns kaum noch bewusst[20]. Grenz-Überschreitungen begegnen uns fast alltäglich.

Dabei muss nicht nur an Projekte wie die Mars-Expedition (im Makro-Sinne) oder die Entschlüsselung der menschlichen Gene (im Mikro-Sinne) gedacht werden. Meist sind wir bemüht, die Wirklichkeit wahrzunehmen und ihre Ansprüche auf uns zu bewältigen, in dem wir sie zerlegen, atomisieren, um sie so zu beherrschen. Dabei gehen uns die großen Zusammenhänge unseres Lebens verloren. Transzendenz ist nicht ein Spezialfall der Religionswissenschaft, sondern ein (Grund-) Modell der Existenz, sie bestimmt unsere Gestimmtheit, unsere Stimmung, eben das Gefühl. Mancherlei Alltagserfahrungen wären da zu betrachten.

Einerseits partizipieren wir an den ‚*Grenzüberschreitungen*' *der Wissenschaft, z.B.* mit dem Durchdringen unseres Körpers mit Strahlen (Röntgen, CT oder MRT), um Fehlfunktionen eines Organs zu ermitteln und sie dann beheben zu können.

Oder, um nur noch ein anderes Beispiel zu nennen, auf das schon verwiesen wurde: Die *Karriere.* Wir gehen aus uns heraus, über uns, den jeweiligen Status hinaus, um die Möglichkeiten des Lebens auszuloten, zu erweitern und Anerkennung und Verdienst zu erfahren. Darin enthalten ist die Umsetzung von Arbeitsleistung in Geldwert. Für diese Zusammenhänge wäre eine eigene Meditation erforderlich. Hier kommen die Möglichkeiten und Fähigkeiten des ‚Über-Sich-Selbst-Hinausgehens' ins Spiel, die wir uns auch kaum bewusst machen. Sie erfüllen aber die sonst im philosophischen Kontext geübten Konditionen.

* Innere Wahrnehmungen, Funktionen der Religion durchdringen so vielfältig die s ä k u l a r e n Vorgänge. Eine andere Dimension tritt aber in jeder Begegnung mit anderen Menschen ins Blickfeld. Wenn ich den anderen wahrnehmen will, muss ich mich ein Stückweit zurücknehmen – Abstand halten und zugleich mich ihm öffnen. Um mit einem anderen zusammen zu sein, muss ich ‚aus mich herausgehen'. Auch dies bedürfte näherer Be-

---

[20] Umfangreiche Anregungen verdanke ich der ausführlichen Betrachtung der geistesgeschichtlichen Situation dem Werk A.M. Klaus Müller, Die präparierte Zeit–Der Mensch in der Krise seiner Zielsetzungen, Radius, 2. Auflg. 1972

trachtung. Am deutlichsten wird dies Geschehen wohl in der L i e b e, in der Hingabe an einen /eine anderen(n). Auch dies ist ein Geschehen der Transzendenz, sie meint z u g l e i c h ein Geschehen, in dem wir wahrnehmen, *was von Jenseits unseres Selbst auf uns zukommt* und durch das wir zugleich auf mancherlei Weise in uns berührt werden.

In der L i e b e verschmelzen H i n g a b e und zugleich V e r l u s t. Vielfach ist das Thema in der Literatur und im Film als Beziehungskonflikt dargestellt: Vorgänge der Transzendenz. Wer diese Ausweitung des Begriffs unangemessen findet, möge dann doch noch eine weitere Dimension betrachten.

Der Abschnitt hat weiten Bogen geschlagen. ,Anschauung und Gefühl‘ oder ,Wahrnehmung und Gestimmtsein – die ,potentiae animae‘, das ,Erleben und Verhalten des Menschen‘ und ,alle dafür maßgeblichen inneren und äußeren Ursachen und Bedingungen‘ haben zum Begriff der *Transzendenz* geführt.

In besonderer Weise hat ihn Dietrich Bonhoeffer in einer spezifischen (holzschnittartig gefassten) Reflexion gefüllt und zusammengefasst:[21]

„unser Verhältnis zu Gott ist ein neues Leben im „Dasein-für-andere", in der Teilnahme am Sein Jesu. Nicht die unendlichen, unerreichbaren Aufgaben, sondern der jeweils gegebene erreichbare Nächste ist das Transzendente".

---

[21] Dietrich Bonhoeffer, Widerstand und Ergebung / Entwurf einer Arbeit S. 259 f., München, 1955 „Was ist Gott? Nicht zuerst ein allgemeiner Gottesglaube an Gottes Allmacht etc. Das ist keine echte Gotteserfahrung, sondern ein Stück prolongierter (verlängerter) Welt… Begegnung mit Jesus Christus. Erfahrung, daß hier eine Umkehrung alles menschlichen Seins gegeben ist, darin, daß Jesus nur „für andere da ist". Das „Für-andere-da-sein" Jesu ist die Transzendenzerfahrung! Aus der Freiheit von sich selbst, aus dem „Für- andere-da-sein" bis zum Tod entspringt erst die Allmacht, Allwissenheit, Allgegenwart. Glaube ist das Teilnehmen an diesem Sein Jesu. (Menschwerdung, Kreuz, Auferstehung.) Unser Verhältnis zu Gott ist kein „religiöses" zu einem denkbar höchsten, mächtigsten, besten Wesen — dies ist keine echte Transzendenz —, sondern unser Verhältnis zu Gott ist ein neues Leben im „Dasein-für-andere", in der Teilnahme am Sein Jesu. (259) Nicht die unendlichen, unerreichbaren Aufgaben, sondern der jeweils gegebene erreichbare Nächste ist das Transzendente, aber auch nicht in den Begriffsgestalten des Absoluten, Metaphysischen, Unendlichen etc.; aber auch nicht die griechische Gott-Menschgestalt des „Menschen an sich", sondern „der Mensch für andere"!, darum der Gekreuzigte. Der aus dem Transzendenten lebende Mensch."

Die Wahrnehmung, die verschiedenen Weisen des Speicherns, Ordnens und Deutens konzentrierten sich schließlich auf die zwischenmenschlichen Beziehungen. Die Vorgänge, die uns hier beschäftigt haben, haben einen weiten Horizont eröffnet. Sie prägen sich in einer umfassenden Gedächtnis – L e i s t u n g ein, die unser bewusstes und unbewusstes Agieren bestimmen.[22] Dies lenkt nun den Blick auf die Koordinaten „Erinnerung und Erwartung".

(4) Erinnerung und Erwartung

Im Oktober 2011 konnten wir unsere Goldene Hochzeit feiern. Das war ein besonderer Anlass zur Besinnung: „50 Jahre sind eine lange Zeit, was ist in dieser Zeit nicht alles geschehen – zur Halbzeit haben wir in Stralsund gefeiert.

Wie viele Erinnerungen haben sich auch inzwischen neu angehäuft – ich will nicht alle aufzählen. Mein Eindruck aber, der sich beim Nachdenken einstellte, war: Je mehr die Erinnerungen anwachsen, um so mehr nehmen die Erwartungen ab. Nach dem Motto: ‚Was soll noch Kommen?'[23] So kommt es mir jedenfalls vor. Wenn es nicht um die letzte Erwartung geht, für die wir kaum noch Worte oder Bilder haben.

Heute ruhen die Erwartungen vielleicht mehr auf Euch, den Kindern und Enkeln – in froher Erwartung sogar. Erwartungen und Erinnerungen füllen die Tage – am Schnittpunkt beider liegt die Gegenwart – als heilsame

---

[22] S.o., Mit der Wahrnehmung vollzieht sich zugleich in der Hirnrinde ein komplexer Vorgang des Ordnens und Deutens auf Grund von vorausgehenden Erfahrungen. Wie die gespeicherten Wahrnehmungen präsent und abrufbar sind bzw. bleiben, muss im nächsten Abschnitt ausführlicher zum Begriff „Erinnerung und Erwartung" bedacht werden.

[23] Vgl. Christa Wolf, Störfall. Nachrichten eines Tages, Aufbau Verlag Berlin, 1987, S. 86 „Wir haben damals und manches Mal vorher und nachher Glück gehabt, und wenn ich auch weiß, dass ein Recht auf Glück sich daraus nicht ableitet, so scheine ich doch davon auszugehen, dass es ein Gewohnheitsrecht auf Glück gibt – und so habe ich dich nicht belogen, wenn ich dir versicherte, dass ich fest an den glücklichen Ausgang deiner Operation glaubte. Nicht belogen und nicht ganz die Wahrheit gesagt. In e i n e m Punkt aber waren mein leidenschaftlicher Widerspruch, mein Zorn durch und durch echt, nämlich als du anfangen wolltest, deinem Leben nachzusagen, es habe dir alles, was es hätte bringen können, gebracht; nun könnten nur noch Wiederholungen kommen. Da habe ich, zornig und überzeugt, gegen meine eigenen geheimsten Gedanken gewettert."

Unterbrechung im Lauf der Zeiten – solche eine Unterbrechung nennen wir ein FEST." So hieß es in der Rede zur Begrüßung.

Das Paar „Erinnerung und Erwartung" hat mich seitdem nicht losgelassen. Diese Koordinaten füllen Stationen unseres Lebens. Die großen und kleinen Ereignisse der Zeit bilden die Facetten, die uns den ‚Schliff' gegeben haben und unsere Identität bestimmen.

Sie eröffnen eine doppelte Dimension der Geschichte, die Geschichte des Individuums mit seiner Biographie – und die kollektive Geschichte. Sie haben beide ihren Reiz und sind auch engstens miteinander verbunden.

Da sind die Phasen des Lebensweges, das Wachsen und Werden. Schule, Berufsfindung, die Begegnung mit der Partnerin, dem Partner und der Start in eine neue Phase. Da sind Tage des Erfolgs und Tage des Scheiterns.

Viele Daten stellen sich dann ein, wenn wir bedenken, w a n n und w a s wir erlebt haben, sie füllen Gedächtnisleitungen. Auch mit diesem Stichwort ist die Wissenschaft ausführlich beschäftigt.

Daneben stehen die Katastrophen in der Natur – aber auch Katastrophen als Folge von (politischen) Fehlentscheidungen (Krieg und Niederlage) oder als Folgen von Hybris (Tschernobyl oder Fukoshima).

Schmerzen, traumatische Erfahrungen kommen in den Blick – ebenso wie die Erinnerung an HOCH-Zeiten füllen die Erinnerung. Erlebnisse, besondere Ereignisse, Begegnungen werden gespeichert, in diesem Vorgang verarbeiten, deuten oder verdrängen wir sie – viele Momente bestimmen die Erinnerung.[24] Deshalb werden sie im Gedenken in vielfältiger Form aufbewahrt.[25]

---

[24] Einige Aspekte dessen, die eine Generation geprägt haben, seien an dieser Stelle genannt. Generationsspezifisch: „In unser Jugend mussten wir *sparen*. Unsere Kinder sollen es einmal besser haben" / *Anpassung und Widerstand*, im Kontext der Frage: wie weit war die DDR ein Unrechtsstaat? / Die Ängste ums Leben: „Atom nein Danke" / Kastortransporte / BSE / Vogelgrippe und vieles mehr

[25] Auf einen besonderen Aspekt sei hingewiesen: „In Deutschland, Österreich und vielen anderen Ländern ist Erinnerungskultur im Wesentlichen ein Synonym für die Erinnerung an den Holocaust und die Opfer der Zeit des Nationalsozialismus. Völkermorde zeigen sich jedoch auch in vielen anderen Ländern als zentrale Aspekte der Erinnerungskultur mit teilweise erheblichem Konfliktpotenzial, insbesondere wenn dies auch heute noch benachteiligte Minderheiten betrifft." (So nach Wikipedia)

Wie sieht die Vergangenheit aus, die „uns vorgehalten wird" – der wir uns bewusst stellen oder die wir lieber verdrängen?[26]

Die Wissenschaft unterscheidet bei dem Blick in die Vergangenheit zwischen dem *kommunikativen und dem kulturellen* Gedächtnis, beide gelten als das kollektive Gedächtnis. In jedem Fall aber kommt damit die Geschichte in den Blick. „Geschichte" ist ein recht abstrakter Begriff. Wir sind von ihr betroffen und in sie einbezogen, mögen sie vielleicht leidvoll erfahren oder mehr oder minder intensiv – bewusst oder unbewusst – mitgestalten. Deshalb ist es gut, sich der angebotenen hilfreichen Unterscheidungen zu bedienen.[27] Die spannenden Untersuchungen von Jan Assmann – zunächst Ägyptologe – umfassen auch Betrachtungen über das kulturelle Gedächtnis bei den Griechen und überhaupt ‚den frühen Hochkulturen'.

---

[26]   Zeitweise klingt die Erinnerung in der Wahrnehmung auch ganz anders: So z. B.: Als Martin Walser im Oktober 1998 den Friedenspreis des Deutschen Buchhandels erhielt, hielt er eine Rede, mit der er ein großes Medienecho auslöste. Er sagte unter anderem: „Wenn mir aber jeden Tag in den Medien diese Vergangenheit vorgehalten wird, merke ich, dass sich in mir etwas gegen diese Dauerpräsentation unserer Schande wehrt. Anstatt dankbar zu sein für die unaufhörliche Präsentation unserer Schande, fange ich an wegzuschauen. Ich möchte verstehen, warum in diesem Jahrzehnt die Vergangenheit präsentiert wird wie nie zuvor. Wenn ich merke, dass sich in mir etwas dagegen wehrt, versuche ich, die Vorhaltung unserer Schande auf die Motive hin abzuhören, und bin fast froh, wenn ich glaube entdecken zu können, dass öfter nicht das Gedenken, das Nichtvergessendürfen das Motiv ist, sondern die Instrumentalisierung unserer Schande zu gegenwärtigen Zwecken. Immer guten Zwecken, ehrenwerten. Aber doch Instrumentalisierung. [. . .] Auschwitz eignet sich nicht dafür. Inzwischen hat W. seine Position korrigiert.

[27]   Das kommunikative Gedächtnis ist auf die mündliche Überlieferung der vorangegangenen drei Generationen begrenzt, nach J. Assmann auf ca. 80 Jahre. Es ist alltagsnah und gruppengebunden. Das kulturelle Gedächtnis hingegen umfasst den archäologischen und schriftlichen Nachlass der Menschheit. Es bezieht sich (nicht nur) auf eine mythische Urzeit, (sondern umfasst die Weite der Geschichte). Weitergegeben wird es mündlich, schriftlich, normativ und narrativ. Gegenüber dem kommunikativen Gedächtnis zeichnet es sich durch ein gesteigertes Maß an Formalität und Geformtheit aus. Zentrale Begriffe des kulturellen Gedächtnisses sind Tradition und Wiederholung – dazu gehören Gedenktage und die religiösen Feste. Vgl. Jan Assmann, Das kulturelle Gedächtnis, Schrift, Erinnerung und politische Identität in frühen Hochkulturen. 1997 Die Einsichten der Neurowissenschaften hat u.a. ausführlich betrachtet: Harald Welser, Das kommunikative Gedächtnis – eine Theorie der Erinnerung, 2002

*Eine besondere Ausprägung hat das kollektive Gedächtnis in der biblischen Überlieferung gefunden. Interessant sind mir Texte geworden, die vom Ü b e r g a n g reden, vom kommunikativen Gedächtnis zum kulturellen Gedächtnis, wie es überlieferungsgeschichtlich deutlich wird. Die generationsspezifische Ausprägung der Erinnerung wird in der Überlieferung zum kulturellen Gedächtnis, zu einem Modell für den Umgang mit der Geschichte. Mit der Überlieferung formt das kollektive Gedächtnis *Erinnerung um zur E r w a r t u n g*. Die Überlieferung wird das Fenster in die Zukunft. Wo einst die Zukunft verspielt wurde, was die Erinnerung aufbewahrt, eröffnet sich ein neuer Blick auf das, was kommt. Sie löst aus den Verfestigungen, die die Zeit und Geschichte mit sich bringen.

Diesen Blick ermöglichte mir ein Text aus dem Alten Testament, der mir kurz nach dem Fest unserer Goldenen Hochzeit begegnete.

Zur Gottesdienstgestaltung eingeladen stand als Predigttext ein Abschnitt aus dem Buch des Propheten Jesaja (Kapitel 63/64) an.[28]

Er nimmt auf, was mich beschäftigt. An eine lange Geschichte des Volkes Gottes wird in diesem Abschnitt erinnert:

„Da dachten wir voll Sehnsucht an die alte Zeit, als noch Moses in unserer Mitte war... und nun? Wir sind alle verwelkt wie die Blätter, und unsre Sünden tragen uns davon wie der Wind.
Niemand ruft deinen Namen an... ; denn du hast dein Angesicht vor uns verborgen und lässt uns vergehen unter der Gewalt unsrer Schuld.
Deine heiligen Städte sind zur Wüste geworden, Zion ist zur Wüste geworden, Jerusalem liegt zerstört... , ist mit Feuer verbrannt, und alles, was wir Schönes hatten, ist zu Schanden gemacht.“

Die große Zeit ist überschattet von dem Versagen des Volkes. Im Vergleich mit der großen Geschichte und der Gegenwart, wird die Erinnerung gedeutet.

---

[28] Das Buch des Propheten Jesaja – so sagen wir – in ihm aber gibt es drei verschiedene Zeiten: I vor dem Exil – sein großes Thema ist die Gerichtsandrohung, die Warnung sich an den Bund zu halten II im Exil – die Folge verfehlter Entscheidungen; der Prediger verheißt eine neue Zuwendung, einen neuen Versuch Gottes mit seinem Volk, neue Hoffnung III nach dem Exil – neue Resignation / wo ist die Zuversicht geblieben *Aus dem dritten Teil, aus der Zeit nach dem Exil stammt der Predigttext*

„Wir aber lehnten uns gegen ihn auf und kränkten seinen heiligen Geist; so machten wir ihn zu unserm Feind. Er selbst kämpfte gegen sein Volk."

Bis hin zu den Anklagen und Vorwürfen gegen Gott selbst steigert sich die Reflexion der Geschichte, die wie *Schuldabwehr* klingt:

„Warum hast du zugelassen, dass wir von deinem Weg abwichen? Warum hast du uns so starrsinnig gemacht, dass wir dir nicht mehr gehorchten?"

Der Prediger Jesaja schärft den Blick für eine verfehlte Geschichte. Er bietet so zugleich ein Modell für den Umgang mit Geschichte. Die Geschichte muss bearbeitet, gedeutet werden, um die Gegenwart, das EXIL, zu verstehen und ertragen zu können. Die Erinnerung weckt eine Einsicht: Da ist etwas schief gelaufen und das ist Grund der Klage – der Klage des Volkes. Das ist das eine.

Das ist aber alles nicht zufällig – es hat auch seinen Sinn. Denn in eins damit nennt der Prediger auch die Adresse, an die sich das Volk mit seiner Klage wenden kann:

Der Adressat ist kein Anderer, als der, der am Anfang des G e b e t s in Erinnerung gerufen wird. Die Erinnerung lenkt die Gedanken um zur Erwartung. Erinnerung und Erwartung – das sind die beiden Pole, die beiden Säulen eines Bogens.

„Erinnerung und Erwartung" nennen auch eine Spannung, die das Leben bestimmt. Ein Umbruch, ein Umdenken von Erinnerung hin zur Erwartung vollzieht sich.

Eine neue Hinwendung zu dem alten Gott steht an – U m k e h r sagten die Mütter und Väter im Glauben:

„Aber du, HERR, bist unser wahrer Vater! »Unser Befreier – seit Urzeiten« – das ist dein Name. Wende dich wieder zu uns, die wir in deinem Dienste stehen! Wir sind doch das Volk, das dir gehört!"

Ja, Gott wird angerufen, gleichsam herbeizitiert, das ist eine neue Perspektive eine adventliche Hoffnung …

„Ach, dass du den Himmel zerreißen und herabkommen würdest – vollbringe Taten, die uns staunen lassen und noch unsere kühnste Erwartung übertref-

fen!... .noch nie hat jemand einen Gott gesehen, der so gewaltige Dinge tut für alle, die auf ihn hoffen. "

* Auf diese Adresse sollten wir vielleicht auch in unserer Situation achten, führt uns doch der Predigttext in doppelter Weise zu einer neuerlichen Begegnung mit der Geschichte. Einerseits mit der Geschichte des (alten) Gottesvolkes, an dem w i r, unser Volk ohne Einschränkungen in so schrecklicher Weise schuldig geworden sind.

Andererseits sind wir damit herausgefordert, uns u n s e r e n Blick für unsere Geschichte schärfen zu lassen, damit wir s e i n Angebot für uns nachvollziehen können.

Wir spüren wohl die Aktualität des Themas, weil uns darin unsere Geschichte mit ihrer ganzen Problematik überfällt. Wie gehen wir mit unserer Geschichte um? Jahreszahlen und immer wieder Gedenktage, manche werden groß gefeiert, manche bleiben unscheinbar. Gedenkstätten, die die Erinnerung wach halten sollen. Erinnerung – aber woran eigentlich?

An Fehlentscheidungen des Volkes insgesamt[29] (wie die Wahlen von 1933, die die NSDAP an die Macht bringen), an die Leiden der Menschen im Gefolge der Fehlentscheidungen?

Zur Erinnerung: das ist unsere Geschichte. Hier und da tauchen in der Gegenwart die Schatten der Vergangenheit – der braunen Vergangenheit – wieder auf. Das ist 2012 wieder augenfällig geworden. Aber nur wenige stellen sich dagegen. Diese Geschichte liegt inzwischen weit zurück – aber immer noch sind wir mit darin verwickelt. Woher sich dieser Sumpf speist, ist oft verborgen, unerklärlich: Die Wiederkehr des Verdrängten? Vieles ist verdrängt. Manches kommt erst jetzt wieder ins Bewusstsein. Das wird heute allerorten diskutiert.

* Wie gehen wir mit unserer Geschichte um? Ein anderes Beispiel sei benannt: Seit mehr als fünfzig Jahre kommen Gastarbeiter in unser Land. Aus Italien, Griechenland und vor allem aus der Türkei. Sie kamen, um für uns –

---

[29] Mit dem ‚Tag von Potsdam' wurde deutlich, wie die NSDAP die Macht usurpierte. „Als ‚Tag von Potsdam' wird die Zusammenkunft am 21. März 1933 von Abgeordneten der NSDAP und weiterer Vertreter der rechten sowie der bürgerlichen Parteien in der Potsdamer Garnisonkirche zur konstituierenden Sitzung des am 5. März 1933 gewählten Reichstages bezeichnet." (Wikipedia)

und mit uns gewiss – den Wohlstand zu erarbeiten, von dem wir alle profitieren.

Damit aber ist ein neues Problem entstanden. Die Auswirkungen nehmen wir erst jetzt voll wahr: In unsere Gesellschaft sind Menschen gekommen mit einer anderen Kultur, einer fremden Religion. Der Islam ist zum Nächsten, zum Nachbarn geworden. Vielleicht nicht in jedem kleinen Ort.

Vielleicht nicht hier in Wilhelmshorst, unserem Wohnort, aber in Berlin-Neukölln, im Wedding, wie an vielen Orten in Deutschland. Überall aber gilt die Frage: Wie können wir miteinander leben?

Die einen möchten das Problem verdrängen. Das aber gelingt kaum noch. Andere postulieren lautstark: ‚Deutschland den Deutschen' – aus Angst um die eigenen Arbeitsplätze. So entstehen Fragen oder Forderungen:

Sollen sich die Einwanderer anpassen an unser Rechtsempfinden, unsere Feste feiern, unsere Religion lernen? Oder sollen und müssen sie nicht ihre eigene Identität wahren, die sie aus der Heimat mitgebracht haben? Ich will dies hier nicht diskutieren – nur die Frage nennen und die Veränderungen bewusst machen. Den Zusammenhang mit unserem Wohlstand sollten wir nicht übersehen. Genau so ernst richtet sich die Frage an uns: Wie ernst nehmen wir unsere Tradition? Was bedeutet uns z.B. der Religionsunterricht in der Schule? Das ist ein anderer Konflikt. Und: Konflikte machen Angst – uns und den Fremden.

Ein anders Feld sind die ‚Kastortransporte' aus den Atomkraftwerken in Zwischenlager und die Suche nach Endlagern für den Atommüll. Nachwirkungen aus dem Drang nach Wohlstand für alle.

Mit dem Energieverbrauch sind wir auch darin mit verwickelt. Ich muss das nicht alles ausführen ... Konflikte machen Angst und sie führen von Krise zu Krise.

Facit – wir alle sind auf diese Weise in die Geschichte verwickelt. Wir haben Anteil an Erfolg ebenso wie an den Fehlentwicklungen, am Versagen der Gesellschaft insgesamt, ob uns das gefällt oder nicht.

In diesem Bewusstsein – so denke ich – sollten wir noch einmal auf den Propheten Jesaja und seine Klage achten.

Wir sind nicht das Volk Israel. Wir, die Gemeinde Jesu Christi, sind auch nicht d a s Volk, das Volk Gottes.

Zur Erinnerung gehört die Einsicht: Den Bruch in der Geschichte, in unserer Geschichte – ob 1933 oder 1945 angesiedelt – lässt sich nicht verdrängen oder ignorieren.[30]
Wir leben zwischen Erinnerung und Erwartung – und beide Blickrichtungen sind aufeinander bezogen – hängen aufs engste miteinander zusammen. Wer oder was weckt die Erwartung – präziser die Hoffnung, die Kraft zum Leben und Kraft zum Handeln gibt.
Was bietet das kollektive Gedächtnis dafür an? Bietet das kommunikative Gedächtnis bzw. das kulturelle Gedächtnis, dafür einen Anhalt, öffnet es die Quellen, aus denen Menschen Hoffnung schöpfen können? Deshalb soll die Betrachtung hier in eine andere Besinnung müden, die mich seit Jahren begleitet und nun die Perspektive weitet für den nächsten Schritt.

* *„In Jahrtausenden wurden die Bildmuster eingewebt, die wir bewusst zu sehen gelernt haben und ebenso lange formten sich die Überlieferungen zu den komplizierten Gedankenbildern über jene geistig-physische Macht, die uns trägt und umfasst und die wir GOTT nennen.*
* *Auf beiden Wegen – dem gleichsam oberirdischen der Überlieferung und dem unterirdischen der Prägung unserer eigenen Seele, sind wir dem Ursprung verbunden, den für uns, unter anderem der Name ‚Israel‘ bezeichnet.*
* *Nun ist aber unsere Epoche eigentümlich wenig geneigt, sich zu erinnern und durch eine tiefgehende Fremdheit aller Geschichte gegenüber gekennzeichnet. Sie wendet sich im Normalfall dem heutigen und allenfalls dem kommenden Tag zu. Andererseits aber greift gerade unter den auf den Tag und die Zukunft fixierten Menschen, fast nach Art einer Epidemie, in unseren Tagen die A n g s t um sich, und es gilt zu begreifen, dass beides zusammenhängt.*
* *Geschichte belastet. Aber sie hat die Kraft, für die Zukunft belastbar zu machen. Andererseits scheint mir, es beschäftigen sich heute von Jahr zu Jahr mehr Menschen mit ihrer Angst. Von Jahr zu Jahr, so scheint mir, wächst die Zahl derer, die sich ihrer Angst nur mit Mühe erwehren, und derer, die ganz gar in ihr untergehen. Immer schon stand sie wie ein tiefes Wasser im Grunde der Seele, aber zu Zeiten steigt der Pegel, und in unseren Jahren scheint eine Flut von Angst weite Bereiche der menschlichen Seele zu überschwemmen. Warum das so ist und warum das gerade heute so ist, können wir nur ahnen. Vielleicht hilft es schon mehr zu fragen, was denn Menschen früherer Zeiten getan oder unterlassen hätten, um mit der Gefahr von innen oder von unten fertig zu*

---

[30] Vgl. nur z. B. den Film (2013) „Unsere Mütter, unsere Väter" und die umfangreichen anderen Zeugnisse zu den vielfältigen Themen.

werden, was sie erfahren oder bedacht hätten, um ihre Freiheit zu gewinnen und ihren Mut, zu leben.
* Sucht aber jemand nach Wegen aus der Angst dann muss er zeigen können, worauf das Dasein ruht und wovon es umgriffen ist.
Er muss zeigen können, worauf die Menschheit früherer Zeit sich verließ, damit die Zukunft nicht nur schrecklich sei, sondern vielleicht gar Vertrauen wert, oder gar ein Bild der Verheißung.
Er muss zeigen können was war, damit die Gespenster der Vergangenheit nicht wieder aufstehen können in irgendeiner furchtbaren Zukunft.
* Erinnerung ist darum nicht nur ein Weg zur Wahrheit, sie ist ein therapeutischer Vorgang und ein Weg zur Selbstgewissheit des geängsteten Menschen.
* Unter den Gefangenen in Babylon (dem Exil Israels) lebten auch die Familien der Priester vom Tempel in Jerusalem, und in ihren Kreisen muss ein Erzähler aufgetreten sein, der den Gefangenen, um ihnen eine Hoffnung zu verschaffen, einen langen, gründlichen Blick in die Geschichte ihrer Väter und ihres Volkes verordnete" [31]

Der schöne Text von Jörg Zink soll so etwas wie eine Zusammenfassung sein – und zugleich zu einem weiteren Thema, zu einer neuen Meditation überleiten. Das Volk Gottes in der Gesellschaft, eine kleine Gruppe von Menschen – die eine Erwartung umtreibt – sie lautet:
Gott meldet sich – der Beter des Alten Testaments will Gott herbeirufen – ja ihn gleichsam herbei zitieren – ihn e i n b e s t e l l t e n, wie es in der Sprache der Diplomatie heißt. Mit der Erinnerung an den gütigen Gott erwartet er Gottes Eingreifen. Sollte Gott so eingreifen – wie es der Beter hier erwartet? Wie ein Vulkan-ausbruch, der alles überrollt?

„Deine Feinde sollen erfahren, wer du bist; die Völker sollen vor Angst vergehen. Vollbringe Taten, die uns staunen lassen und noch unsere kühnste Erwartung übertreffen!"

Oder – im Vorblick auf des Neue Testament:

„Du begegnest denen, die Gerechtigkeit üben – die an deine Gebote denken und danach handeln."

---

[31] Jörg Zink, aus: Wie neu ist das Alte Testament?, Nachschrift eines Vortrags, 1976

* Die Betrachtung der Vermögen des Menschen hat wiederholt die Frage nach dem Gottesverständnis geweckt. Ihr soll eine neue, weitere Meditation gewidmet sein.

Das Gottesverständnis kann aber nicht isoliert von den Vermögen des Menschen betrachtet werden – das ist wohl auch deutlich geworden und ein Ergebnis der Überlegungen.

„Denken und Handeln" regen zu der Bewußtseinbildung an, die über allen Leistungen das Eingeständnis in die Bedürftigkeit und Begrenztheit des Lebens weckt. Dies möchte aber immer wieder seinen (sprachlichen) Ausdruck finden. Die Koordinaten von „Anschauung und Gefühl" – der Wahrnehmung der inneren und äußeren Erfahrungen – regen zu einem *bewussten Leben* an, wie es die spirituellen Angebote heute präsentieren. In den Belastungen und Bedrohungen des Lebens, in Erfolg und Scheitern, ermöglichen sie eine Antwort auf die Frage „Was trägt?".

Dies stellt den Menschen in den Kontext des alten Gebets: *„L o b e den Herrn meine S e e l e – und v e r g i s s nicht, was ER dir Gutes getan hat. (Psalm 103)*

Willensbildung wird so zu einem – i n n e r e n – Kommunikationsgeschehen, in dem zugleich die äußeren Erfahrungen reflektiert und verarbeitet werden. Dies aktualisiert die Gottesbeziehung.

Meditation VII
Ubi caritas et amor Deus ibi est

I

Der bekannte und eingängige Song eröffnet neu einen weiten Horizont zu dem großen Thema „Gebet als Willensbildung des Glaubens" – zunächst zum Einstieg dies: Von wem ist die Rede, wenn ich oder wir ‚Gott' sagen. „Das Gebet lebt von der Gewissheit 'Gott erhört das Gebet' und von der Hoffnung auf sein Eingreifen." Wie ist das gemeint? Ohne eine präzise Antwort auf diese Frage kann das Thema nicht zum Ziel kommen. In einem ersten Versuch will ich mich dem nähern.

In frühen Jahren hatte ich mit der Berufsbezeichnung ‚Pfarrer' meine Mühe, genauer Pfarr-*Herr*. Deshalb meinte ich, es sei besser, sich mit ‚Theologe' vorzustellen. Das währte nicht lange. Denn sehr rasch bekam ich dabei einen Schreck – ‚was sagst du denn da?' ‚Gottes gelehrt'? Das Wort Gottes führen? Bescheidener vielleicht ‚im Worte Gottes gegründet'. Der Anspruch bleibt so oder so gewaltig und wohl auch gefährlich – wie ist er denn begründet, legitimiert? Das sind offene Fragen, die wie ein Stachel im Fleisch wirken. So kehrte ich bald zum alten Standesbegriff zurück – freilich mit dem bleibenden Stachel, was war denn der Inhalt des Studiums: die Theologie.[1]

„*Die Lehre von etwas muss ursprünglich von dem selbst her empfangen sein, wovon gelehrt wird.*[2] Wie mag das zu gehen?

Kann ich G o t t wohl auf verschiedenen Frequenzen empfangen, hören und / oder mit ihm kommunizieren.

Das Empfangen geht dem Verstehen und somit dem Lehren voran! Ein Bild kommt mir in den Sinn: Es ist wohl wie bei der Radio-Skala mit vielen Frequenzen – die geringste Wendung am Regler führt zur Unterbrechung,

---

[1] Anregend und klar die Eingangsreflexion bei Thomas Bonhoeffer, „Die Gotteslehre des Thomas von Aquin als Sprachproblem, Tübingen, 1961: „*Alles wird in der Theologie in seinem Zusammenhang mit Gott behandelt*", S. 4

[2] A. a. O., S. 4

90

Änderung der Abstimmung. Insofern muss die Einstellung stimmen, wenn es zur Abstimmung, zur Kommunikation kommen soll.

Das Bild hilft mir bei der Überlegung, besonders hilfreich finde ich einen Aspekt:

Das Bild führt den Gedanken der *Vielfalt* und *Konzentration* auf e i n e n Aspekt zusammen.

An *Wotan* oder *Zeus* oder *Allah* – und ihren Frequenzen bin ich nicht so interessiert. Wotan und Zeus haben wohl keine geschichtliche Relevanz mehr, sie gehören kulturgeschichtlich der Vergangenheit an. Im Streit zwischen Islam und Christentum muss jeder für sich entscheiden, wohin er gehört. Die geistliche Auseinandersetzung mag an dieser Stelle auf sich beruhen.

So suche ich also die Frequenz des Gottes, von dem Jesus redet. Die Kontinuität mit seinem Volk und die Wandlungen im Verständnis Gottes durch sein Wirken bilden ein besonderes Thema. Die angestrebte Suche enthält freilich immer noch eine Vorentscheidung, nämlich das Ziel der Suche – wenigstens Ahnungsweise – zu kennen. Mein Suchen kann nur erfolgreich sein, wenn die Suche zugleich einem **vorausgehenden-gefunden-sein** entspricht.

Diese Gedanken sind freilich heute – im 21. Jh. – nicht mehr selbstverständlich. Deshalb wird von Gottes-Krise, mehr noch von Gottes-Vergessenheit gesprochen, nicht nur weil G o t t in der Geschäftigkeit des Alltags vergessen wird – sondern weil der Mensch weitgehend vergessen hat, dass er Gott vergessen hat.[3]

ER, oder besser eine Gottes-Beziehung, kommt im Alltag des Lebens (scheinbar) nicht mehr vor. Das wird nicht einmal mehr als Defizit empfunden, als Mangel bewusst. Wenn in der Theologie alles in Beziehung auf Gott gedacht und gesehen werden soll – dann ist eben diese Beziehung weitgehend verdunkelt, gestört, verloren gegangen.

---

[3] Das *Internet* bietet unter den Stichworten Gotteskrise/Gottesvergessenheit einen eindrücklichen Katalog von Beiträgen. Anregungen zur Überwindung mögen umfangreich sein, wieweit sie hilfreich sein können, ist eine andere Frage. Sie muss wohl jeder für sich beantworten suchen. Vgl. auch Wolf Krötke, „Gottesvergessenheit. Zur religiösen Sprachlosigkeit der Gesellschaft", Vortrag, Ev. Akademie, Berlin, 5.11.2012

*„Denn **von** ihm und **durch** ihn und **zu** ihm sind alle Dinge"*, heißt es im Brief des Apostels Paulus an die Gemeinde in Rom (11,36). Alle Dinge haben in Gott ihre *Herkunft,* ihr *Da-Sein* und ihre *Zukunft.*

Dieser Zusammenhang ist nicht nur strittig, wie in der Theologiegeschichte allemal, er wird heute kaum noch wahrgenommen.

Die jüngsten Versuche dem entgegenzusteuern, gelten eben diesem Thema: Wie kann der Zusammenhang von *Gottes Sein* mit meinem Leben in seiner ganzen Fülle, mit meinem Denken, Handeln und Sein neu entdeckt, gefunden, erfahren werden. Einige Titel – einige Ansätze – aus jüngster Zeit machen dies Bemühen deutlich. Es bleibt zugleich die Voraussetzung für die Verkündigung, die sich in der Tradition Jesu versteht.

Dabei ist zunächst auf den Ansatz zu achten – Herbert **Braun** und Paul **Tillich** beziehen das Problem konzentriert und ausschließlich auf die Existenz.

Herbert **Gollwitzer,** Gerhard **Ebeling** und Eberhard **Jüngel** mit anderen suchen die Antwort – vorläufig und kurz gesagt – aus der Sprach- und Denkgestalt des Glaubens zu ergründen. Einige besondere Formulierungen seien zitiert, dabei bedarf jede Einzelne einer besonderen Betrachtung, Deutung in ihrem speziellen Kontext und ihrer Zeit. Die Aufzählung hier, die ich in früher Zeit vernommen, ließe sich erweitern, sie möchte nur das intensive Bemühen dokumentieren. Verbindliche, überzeugende Lösungen zeigen sich nicht, nicht mehr, nicht wieder?

Gott ist das WOHER meines Umgetriebenseins (Herbert Braun)
... das, was mich unbedingt angeht (Paul Tillich)
Existenz Gottes im Bekenntnis des Glaubens (1963 Helmut Gollwitzer)
Gottes Sein ist im Werden (1965 Eberhard Jüngel, nach Karl Barth)
Gott und (als?) Wort (1966 Gerhard Ebeling)
Gott als Geheimnis der Welt (1977 Eberhard Jüngel)
Gott als Projekt der Vernunft (2005 Ulrich Barth)

Die Vielfalt der hier (auswahlweise) genannten Fragestellungen schon – nicht erst der Antworten – kennzeichnet die Situation.[4]

---

[4] Das spannende, aufregende – ja nahezu dramatische – Gespräch in der genannten Zeit, hat sich erheblich verändert. „Dramatisch", weil die theologische Diskussion konfliktreiche Auseinandersetzungen in Gemeinde und Kirche dieser Zeit widerspiegelt, etwa

Darüber hinaus sind dann vor allem Bemühungen mit einem völlig anderen Ansatz zu beachten: *Jörg Zink, Anselm von Grün* oder *Dorothee Sölle* betonen je auf ihre Weise das innere, geistliche Leben des Menschen. Drei Stichworte bestimmen dann die schon mehrfach skizzierte und veränderte Gesprächslage, wie sie die Stichworte kennzeichnen:

Säkularisierung – Wiederkehr der Religion – Spiritualität.

Welcher Position könnte ich mich anschließen? Welche einfach bejahen? Kann ich mich einbeziehen in eine Position, muss ich mich für eine entscheiden? Gilt es, Übereinstimmungen in den unterschiedlichen Ansätzen zu suchen? Die Methodenfrage, die Frage nach der Vorgehensweise, fällt Vorentscheidungen, die ich noch nicht überschaue …

„Der Unterschied zwischen den theologischen Ansätzen lässt sich… hier grob so bestimmen, (einerseits) ist die ‚R e d e von Gott' das eigentliche Thema… , (andererseits) soll vom ‚S e i n Gottes' die Rede sein.[5]

Die Existenz, die Erfahrung des Menschen ist immer – aber unterschiedlich – mit zu denken. Die Rede eröffnet Kommunikation, ist auf Verstehen und Verständigung aus. Kann in der ‚REDE von Gott', und das ‚Reden mit Gott' sowie das ‚SEIN Gottes' ein eigenes, je besonderes Thema sein? Die Unterscheidung weist in eine umfangreiche, philosophische Diskussion durch die Jahrhunderte. Häufig genug lenkt sie von den konkreten Bezügen der menschlichen Existenz ab. Wenn es aber um das Gebet gehen soll, muss diese konkret deutlich werden.

Das UBI CARITAS bietet noch einmal einen neuen, vielleicht überraschenden Ansatz.

II

Meditation von lat. *meditatio* zu *meditari* – nachdenken, nachsinnen, überlegen, die Gedanken ordnen; von altgriechisch μέδομαι, *medomai* – denken, sinnen, erinnern.

---

unter dem Begriff „kein anderes Evangelium" oder „Bekenntnis-Bewegung" bekannt. Besonders E. Jüngel hat seinen Ansatz vielfach und hilfreich entfaltet.

[5] So Eberhard Jüngel, Gottes Sein ist im Werden, S. 2, den Unterschied zwischen R. Bultmann und K. Barth charakterisierend.

Es ist eine in vielen Religionen und Kulturen ausgeübte spirituelle Praxis. Durch Achtsamkeits- oder Konzentrationsübungen soll sich der Geist beruhigen und sammeln. In östlichen Kulturen gilt die Meditation als eine grundlegende und zentrale bewusstseinserweiternde Übung. Die angestrebten Bewusstseinszustände werden, je nach Tradition, unterschiedlich und oft mit Begriffen wie *Stille, innere Ruhe, Leere, Panorama-Bewusstheit, Einssein, im Hier und Jetzt sein* oder *frei von Gedanken sein* beschrieben. Dadurch wird laut dem Psychiater und Philosophen Karl Jaspers die Subjekt-Objekt-Spaltung überwunden.

Der Begriff ‚Meditation‘ ist aber auch für Texte verwendet worden, die Ergebnisse, die konzentrierten, in die Tiefe gehenden Nachdenkens darstellen, so etwa für Mark Aurels *Selbstbetrachtungen* oder Descartes' *Meditationen über die Grundlagen der Philosophie*.

Eine besondere Weise der Meditation ist der G e s a n g. Er erfordert eine eigene Einstellung, Atmung, Denken, eben die vielfältigen Sinne sind in Aktion. Sie sind der Horizont der spirituellen Praxis. „Ubi caritas et amor Deus ibi est.“

Der von der Kommunität von Taize heute verbreitete Gesang hat freilich eine lange Geschichte. Der Gesang stammt aus dem gottesdienstlichen Leben, er ist eine ‚Antiphon‘, ein Refrain, der Verse eines Psalms einrahmt – so hier aus der Liturgie zum Gründonnerstag.[6]

Es klingt fast wie eine Antwort auf die Klage des alttestamentlichen Beters:

„Wie der Hirsch schreit nach frischem Wasser, so schreit meine Seele, Gott, zu dir.
Meine Seele dürstet nach Gott, nach dem lebendigen Gott.
Wann werde ich dahin kommen, dass ich Gottes Angesicht schaue?
Meine Tränen sind meine Speise Tag und Nacht, weil man täglich zu mir sagt:
Wo ist nun dein Gott?“[7]

---

[6] Der Text eines unbekannten Autors lehnt sich an den 1. Johannesbrief an und ist in einer Handschrift aus dem Kloster St. Gallen aus dem 8. Jahrhundert überliefert, als dessen Verfasser man Paulinus von Aquileia (†802/04) vermutet – im Mittelalter bis zur Liturgiereform des 20. Jahrhunderts während der Fußwaschung gesungen.
[7] Psalm 43,2

Der Spott der Fremden aus der Völkerwelt – Heiden – schmerzt. Doch unterscheidet sich diese Klage von der gegenwärtigen Gottesvergessenheit. Immerhin fragt hier der Beter a u c h nach einer Z e i t und einem O r t: **„Wann werde ich dahin kommen, dass ich Gottes Angesicht schaue?"** Die Antiphon ist also keine Klage – viel mehr eine *Einweisung* in ein Feld, auf dem wir Gottes Güte, seine Gegenwart erfahren können. Die Koordinaten für dieses Feld heißen *Güte* und *Liebe*. Diese mögen nun, in ein neues Bild gefasst, betrachtet werden.

III

Eine erste Beschreibung der Koordinaten: Wo ist Gott? Wo? Wo LIEBE ist, sind die Koordinaten, die Bezugspunkte, um sich zurecht zu finden, um Gesuchtes zu finden. Gott zu finden, bedarf es der LIEBE – Liebe?

Ist es mit der L i e b e vielleicht wie mit einem KALEIDOSKOP – Kaleidoskop? Der Duden sagt: *'Fernrohr ähnliches Spielzeug,* bei dem sich beim Drehen bunte Glassteinchen zu verschiedenen Mustern und Bildern anordnen – eine lebendig bunte Bilderfolge, ein bunter Wechsel'.

L i e b e, das ist auch so eine Wortschale. In sie passt wohl alles mögliche hinein. Jeder vermutet, erhofft, wünscht oder erwartet etwas anderes, wenn er oder sie das Wort hören.

Anfänglich wird die ‚Schale' wohl erstmals gefüllt mit jenem ersten geheimnisvollen Augenblick, *einem erregenden Augen-Blick,* in dem das Herz erbebt, der Puls steigt, die Röte das Gesicht färbt.

Ein Augenblick, der mich überkommt, nicht planbar, nicht machbar, aber mich verwandelnd, oft besungen "… dies Bildnis ist bezaubernd schön … "

L i e b e begegnet mir dann so wie im Kaleidoskop, eine neue Wendung:

L i e b e – das ist, wie *Jemanden erwarten.* Eine Offenheit für das / den / die Kommende, die Bereitschaft, die Tür (das Herz) für den ersten Augenblick zu öffnen.

L i e b e – das ist die *Zuwendung.* Die Erfahrung der Zuwendung – eine Zuwendung ist *eine Gabe* – eine Aufmerksamkeit, ein Strauß bunter Blumen, eine Zuwendung, die Freude wecken möchte. Mehr noch: Zwei Menschen wenden sich einander in einem Augenblick zu. Frau und Mann, und nur darauf sei jetzt das Augenmerk gelenkt.

Sie schauen sich in die Augen, oder – und das ist dann eine neue kleine Wendung des Kaleidoskops – sie kommen einander nahe, sie umarmen sich, berühren einander, ein Kuss. Die *Nähe* ist dann eine neue Erfahrung. Was löst sie bei jedem aus? Löst sie bei jedem / jeder Gleiches aus? Oder kommen dann ganz andere, unterschiedliche Motive ins Spiel. Sie, die Nähe, ist beglückend, weil darin eine innere Übereinstimmung zum Ziel kommt. Wir können uns so aufeinander e i n l a s s e n, aneinander partizipieren, uns gegenseitig bergen, darin dem anderen Platz geben, der uns gehört, e i n s-werden lässt, und darin teilen, s i c h mitteilen. Selbstverständlich ist das nicht.

Überraschend für beide, vielleicht erschreckend. Oder gar gefährlich? Vielleicht weil sich Unsicherheit oder Angst vor dem nächsten Schritt, vor dem nächsten Bild im Kaleidoskop einmischt, bleibe ich darin I C H selbst?

Doch ein weiteres Motiv mischt sich ein: die Übereinstimmung ist immer e r s t zu gewinnen! Darin spielt dann das B e g e h r e n eine wichtige Rolle. ‚Begehren'? oder (zunächst) das eben abzuwehren? Zugleich tritt jeder aus sich heraus – die Erfahrung des Außer-Sich-Seins. Die Erfahrung einer *Transzendenz,* um ein erheblich belastetes Wort zu verwenden.

Diese Gedanken nennen unterschiedliche Erfahrungen, kleine bunte zusammengeführte Steinchen, jede Drehung (am Kaleidoskop) inszeniert ein *transzendentes, über sich hinausweisendes Geschehen* ohne das uns dies bewusst sein muss.

‚E I N S-sein'. Das sind für jede / jeden Erwartungen oder jedenfalls nachvollziehbare Erfahrungen. Sie können zu Glaubenserfahrungen werden, wenn ich den Horizont wenig erweitere.

Gottes Begegnung beginnt mit dem Geschaffenwerden in ‚Liebe' oder aus ‚Liebe' –damit sind dem Menschen Be-Gabungen, eben Zuwendungen gewährt.[8]

Es gilt aber, sie *wahrzunehmen* ihrer bewusst zu werden. Vielfältig ist das Geschehen der Liebe und schön, es zu entfalten. Das war schon Thema der „Lebensgestaltung".

Gott entsprechen, seinem Willen folgen. In den ‚Gaben' seine Nähe spüren – das ist noch einmal ein besonderes Geschenk! Dies freilich fällt

---

[8] Vgl. Meditation II, Lebensgestaltung

uns heutigentags häufig sehr schwer, nehmen wir die Gaben doch – bestenfalls – ‚dankbar' wahr.

Meistens werden sie doch wohl (zu) selbstverständlich und *unbewusst* in den Alltag eingefügt. Gegebenenfalls empfinden wir hier und da – und öfter – einen Mangel, woran auch immer, wenn es hart und dunkel um uns und in uns wird.

‚Zerbrochene Träume', Enttäuschungen wecken Unzufriedenheit, um hier nur dieses zu nennen, was die *Dankbarkeit begrenzt*. Sollen Klagen uns die Freude rauben? Im Blick auf manche Gespräche kam mir jüngst dies in den Sinn: Letztlich helfen uns nicht noch so gute Ideen, wenn wir Mühe haben mit dem Leben. Was hilft, ist allein, kann allein die Zuversicht sein, die Zuversicht, dass sich das LEBEN durchsetzt, und damit DER, der dafür einsteht.

Dies sehen wir an den Kindern, können wir an unseren KINDERN, lernen. Dieser Gedanke kam mir vor Kurzem bei der Einschulung eines Urenkels.

Die Kinder kommen, nicht immer erwünscht, leider – aber sie kommen! Die Kinder sind der Hoffnungsträger ... wie auch immer: *Früchte der Liebe!* Sie sind Herausforderung und Aufgabe gewiss, auch! Zuvor aber Geschenk! Geschenk und Gedanken Gottes. Wie an einer Perlenkette ließe sich jede Perle noch lange betrachten. Wenn sich in all dem die Liebe Gottes spiegelt, bietet der Vers noch eine andere Variante auf die oben schon verwiesen wurde: "Ubi caritas et amor Deus ibi est."

Die „Antiphon" steht im Gottesdienst in einem großen Kontext der Erinnerung – der Erinnerung an ein besonderes Ereignis. Diese Erinnerung stiftet das Gedächtnis an den Liebeserweis Jesu an seinen Freunden, an die Fußwaschung zu Gründonnerstag.

So erinnert und verweist der Song an eine je neue Gemeinschaft, an die Gemeinschaft der Menschen in der Präsens, in der Gegenwart Gottes.

Trägt dieser Gedanke diese Zuversicht?

IV

Die Frage soll eine Ergänzung aufnehmen, die noch einmal durch eine neue Koordinate bestimmt wird, und zu einem Perspektiven-Wechsel führt. Auf der Rückseite unserer Verlobungsanzeige 1961 stand einst ein kurzer Text von *Albert Camus* aus seinem Roman DIE PEST:

„Und Rieux… dachte, es sei gerecht, dass die F r e u d e wenigstens von Zeit zu Zeit die belohne, die sich mit dem Menschen begnügen, und mit seiner armseligen, gewaltigen Liebe."

Den Roman, der 1947 (!) geschrieben, muss ich wohl kurz zuvor gelesen haben. Die Intention des Zitats fügt sich organisch in die Stimmung der Briefe, die ich damals von Thea, meiner Zukünftigen, erhalten und nun neu abgeschrieben habe.

Heute freilich wirkt es noch einmal ganz anders – woher kommt die F r e u d e, von der das Zitat redet ? Es steht ziemlich am Ende des Romans. Die Pest ist überstanden, aber, am Tag, da die Quarantäne aufgehoben wird, stirbt Tarrou, der Freund Rieux's.

In einem unermüdlichen Einsatz hat er an der Seite des Arztes gestanden.

Aber:

„Um Rieux herum hoben sich lachende Gesichter zum Himmel. Männer und Frauen mit glühenden Gesichtern klammerten sich mit der ganzen Unbeherrschtheit und dem Schrei des Verlangens aneinander… "

‚Liebe und Tod' das ist der Kontext des Zitats in unserer Anzeige. Ob uns das bewusst war, ich vermag es nicht mehr zu sagen. Die Erinnerung erweitert heute – im Rückblick auf ein gelebtes Leben – die Perspektive:

„Hast du Angst vor dem Tod?", fragte *der kleine Prinz* die Rose. Darauf antwortete sie: „Aber nein, ich habe doch gelebt, ich habe geblüht und meine Kräfte eingesetzt, so viel ich konnte. Und Liebe, tausendfach verschenkt, kehrt wieder zurück zu dem, der sie gegeben. So will ich warten auf das neue Leben und ohne Angst und Verzagen verblühen." (Antoine de Saint-Exupéry)[9]

Am Ende frage ich nach dem Ergebnis und Ziel. Die Koordinaten mögen helfen, unser Leben zwischen *Liebe und Tod* wahrzunehmen. Unser Leben ein Zwischenraum? Welch atemberaubende Dimension – das Leben

---

[9] Antoine de Saint Exupery, Der kleine Prinz, Karl Rauch Verlag, 24. Auflage, Düsseldorf, 2010

ausgespannt zwischen Liebe und Tod: Liebe zu Beginn und Tod am Ende? L i e b e und T o d sind dies nicht beides Kräfte, die das ganze Leben
durchziehen?

V

Ein Exkurs: „Gott als Geheimnis der Welt"[10]

„Der Gott der Liebe ist – Zur Identität von Gott und Liebe"

Dieser Abschnitt aus der umfassenden Arbeit soll in einem Auszug nachgezeichnet werden – dies sei der Versuch, die obigen Gedanken, die die Liebe
wie in einem Kaleidoskop betrachteten, aufzunehmen und tiefschürfend zu
ergänzen.

1. „Die christliche Theologie hat auf die Frage nach dem Sein Gottes viele
Antworten gegeben. Sie hat aber unter allen Antworten einer immer den
unbedingten Primat gegeben: Gott ist Liebe... "

2. „Liebe erschien uns als Ereignis einer immer noch größeren Selbstlo-
sigkeit inmitten noch so großer Selbstbezogenheit. Liebe wurde verstanden
als die sich ereignende Einheit von Leben und Tod zugunsten des Lebens."
Die umfangreiche Reflexion führt u.a. aus: „Zur Liebe gehört das Liebes-
begehren" und weiter. ...

3. „Liebe impliziert Zuneigung. Aus Zuneigung wird Zuwendung... Im
Ereignis liebender Hingabe geschieht also eine radikale Selbstentfernung
zugunsten einer neuen Nähe zu sich selbst – einer Nähe freilich, in der nun
das geliebte Du mir näher ist, als ich mir selbst bin." (S. 440) „Als Ereignis
unüberbietbarer Nähe von Ich und Du konstituiert die Liebesvereinigung
jeweils ein neues ICH... In der unitio besteht folglich die Stärke der Liebe.
Sie ist stark wie der Tod." Hoheslied 8,6 / (S. 444)

4. „Insofern ist die Stärke der Liebe auch auf das Ereignis der Liebe beschränkt, impliziert das Ereignis der Liebe immer einen gemeinsamen Weg.

---

[10] Hier soll ein Auszug aus der großen Reflexion E. Jüngels aus seiner umfangreichen Arbeit „Gott als Geheimnis der Welt "(erschienen 1977) eingefügt werden. In § 20 bringt
er die hochkonzentrierte theologische Betrach- tung in die obigen Gedanken, die die
Liebe wie in einem Kaleidoskop aufnehmen und tiefschürfend ergänzen.

Auf dem Weg der Liebe ist diese stark. Aber diesen Weg kreuzen andere Wege, die die Liebenden mit dem konfrontieren, *was nicht Liebe ist*. Dabei erfährt sie nun auch die ihr eigentümliche Schwäche und Ohnmacht. Die Einsicht in die Stärke der Liebe impliziert zugleich die Erkenntnis der Schwäche. Mit dieser Erkenntnis der Ohnmacht der Liebe führt das Verstehen ... über das Ich-Du-Verhältnis hinaus ... Wer nicht an der Ohnmacht der Liebe teilnehmen will, ist im Grunde nicht fähig zur Liebe. Eben deshalb kommt aus der Liebe nicht nur Freude, sondern auch Traurigkeit und Herzeleid. Aber es ist doch eben die M a c h t der Liebe, die deren Ohnmacht gegenüber allem, was nicht Liebe ist, impliziert. Weil sich Liebe nur liebevoll durchsetzt, deshalb ist die Liebe zwar von außen höchst verwundbar, aber von innen her unzerstörbar. Sie bleibt in ihrem Element... sie kann nicht zerstören, sondern nur verwandeln, was ihr entgegen steht... " So vollzieht sich die „Dialektik von Sein und Nichtsein, die zum Wesen der Liebe gehört ... Damit bestätigt sich, wie sehr die Liebe den Tod in sich birgt."

Die äußerst konzentrierte theologische Reflexion (Betrachtung) kommt zu ihrem Ziel, in dem die unerschöpfliche Verwobenheit von Gott und Liebe in ihrer Weite und Tiefe betrachtet wird und darin das Geheimnis der Gegenwart Gottes im Gekreuzigten aufscheint.

Der *alltägliche Lebensbezug* gerät darin in den Hintergrund und ist doch für die Bewältigung des Lebens so bedeutsam. In der Bemerkung, besser in der Beobachtung dessen, *„was nicht Liebe ist"*, dem *spannungsvollen Gefüge von Macht und Ohnmacht* berühren sich überraschender Weise Äußerungen von Eberhard Jüngel mit den Ausführungen von Dorothee Sölle:

„Die Hauptschwierigkeit, die ich (D.S.) mit der Tradition hatte, war das Problem meiner Generation mit dem ‚Herrn, der alles so herrlich regiert‘, wie es im Kirchenlied heißt.... Wie konnte man nach allem, was geschehen war, immer noch so reden? ‚Denke daran, was der Allmächtige kann, der dir mit Liebe begegnet‘... "[11]

---

[11] Dorothe Sölle, Mystik des Todes, Herder, 2.Auflage 2013, S.65 Zitat von Paul Gerhardt aus „Lobe den Herren... ", V. 2&4, Die fromme Zuversicht, die vielen Halt und Kraft gibt, können viele so nicht mehr nachvollziehen

Damit ist noch einmal angesprochen, was mich in all den Meditationen bis hierher beschäftigt hat. An der Tradition in und mit intellektueller Redlichkeit festhalten, doch die Lebensbezüge nicht übersehen, wie sie Dorothee Sölle in breiter Vielfalt dargestellt hat.

„Endlichkeit und ewiges Leben zusammendenken zu können ist ein Ziel."

An der Schnittstelle, da sich ‚Wege der Liebenden kreuzen', möchten sich Glaube, Liebe, Hoffnung bewähren. Kommt damit die religiöse Erfahrung ins Blickfeld?

„Die religiöse Erfahrung des Einsseins mit dem Ganzen, die größere Freude und größere Verwundbarkeit einschließt, ist aber nur für einen möglichen Typ von Religion konstituierend, den Typ humanitärer im Gegensatz zu autoritärer Religion ... Autoritäre Religion ist Anerkennung einer höheren unsichtbaren Macht, die Anspruch auf Gehorsam, Verehrung und Anbetung hat. ... Das wesentliche Element autoritärer Religion ist die Unterwerfung unter eine Macht jenseits des Menschen, die Haupttugend dementsprechend der Gehorsam". (S. 66)

Diese Deutung bedarf denn wohl heute der Korrektur. Darum ist D.S. bemüht. In der Begegnung mit den Menschen, in der Auseinandersetzung mit den Zeugnissen unserer Kultur wird dies wichtig und vielfältig reflektiert. Viele Stimmen kommen dabei zu Gehör, einiges sei zitiert:
„Muss es nicht eine andere Sprache des Humanismus geben, genügt denn die wissenschaftliche Ausdrucksweise?", so fragt sie. (S. 68)
Weil *„in der herrschenden Kultur das Bewusstsein von Sterblichkeit und Ohnmacht ausgeblendet wird... "* hat der Schweizer Soziologe Jean Ziegler die These aufgestellt, *„die Überwindung der Warengesellschaft führt über die Wiederentdeckung des Todes."*
Deshalb heißt es weiter bei D.S.: *„Ich möchte die Wiederentdeckung des Todes einbetten in ein anderes Nachdenken über die Schöpfung ... Die Schöpfung ist bestimmt von einem Rhythmus, einem Wechsel. ... Wenn Gott in der Erzählung am Ende schließlich alles ‚sehr gut' ansieht, so sind nicht die Perfektion, ewige Dauer, unveränderlicher Bestand gemeint, sondern der Rhythmus des Lebens. (S. 70 f.) Im Interesse des Lebens brauchen wir eine neue Beziehung zur Erde. Eine ihrer wichtigsten Gestalten ist die*

Annahme der Endlichkeit des Lebens, das Einverständnis mit seinem natürlichen Rhythmus." (S. 76)

„Religion hat die Rolle, die Menschen in Grenzen einzuüben, an Grenzen zu erinnern, die Grenzen natürlichen Existierens bewusst zu machen. ... und gegen die technizistischen Wahnvorstellungen an die wirklichen Grenzen von Leben und Lebenserfahrung zu erinnern." (S. 90 f.)

Daraus folgt:

„Wie bewältigen wir im Leben den Tod? Zwei der wichtigsten Begriffe, die mir klärend geholfen haben, sind ‚Macht' und ‚Gegenseitigkeit'. Beide hängen aufs Engste zusammen."
... welcher Teil der Menschheit (ist) so sehr am Aufbau des Begriffs der ‚Omnipotenz' Gottes interessiert ... (?) Feministisch gedacht ist gute Macht, die wir auch Gottes Macht nennen können, immer sich verteilende Macht. Sie ermächtigt andere... ... alle Macht, die einer oder eine für sich haben und sichern will, ist jedenfalls nicht Gottes Macht. Dazu jedoch brauchen wir ein anderes Verständnis von Gegenseitigkeit und Relationalität. Dieser zentrale Grundbegriff der systematischen, feministischen Theologie ersetzt den im sexistischen Denken verwurzelten Begriff der Herrschaft. Gegenseitigkeit ist eine andere Beziehung als die, die wir mit Herrschaft bezeichnen." (S. 110 f.)
„Im Prozess der Gegenseitigkeit wird die Machtfrage dagegen gestellt und. ... das heißt nicht durch Herrschaft und Überlegenheit, sondern durch Teilen, durch wunderbare Machtvermehrung, beantwortet. Gute Macht ist gegenseitige Macht, sie gibt dem anderen Anteil an der Macht des Lebens... Gott als die Macht-in-Beziehung." (S. 113)

Diese Formulierung weckt denn – in unserem Zusammenhang – eine weitere Frage. Wie entsteht und wirkt diese Beziehung? Sie lässt sich wohl nur zwiefach beantworten.

VI

Hier möchte ich noch einmal innehalten. *„Ubi caritas et amor Deus ibi est."*

„Gott ist Liebe", so hieß es. In dem spannungsvollen Gefüge von Macht und Ohnmacht der Liebe in den vielfältigen Lebensbezügen bedarf es heute einer kritischen Betrachtung der gesellschaftlichen Situation, besser einer Umorientierung, die Dorothe Sölle einfordert. Die Details mögen nicht noch einmal aufgezählt werden.

Die Antiphon weist der Existenz den Ort an.

Es gilt, nicht nur nach dem Ort Gottes zu fragen und der Möglichkeit Gott zu begegnen, sondern den eigenen Ort in diesem Zwischenraum zu finden – sich als Beschenkte wahrzunehmen. Dies erfordert eine besondere Weise eines wachen Bewusstseins. Darin ist so nach unserer Wahrnehmung gefragt. Wenn ich auf das spannungsvolle Gefüge in unserem Leben achte, bringt die Wahrnehmung eine doppelte Erfahrung zur Geltung.

Als die Pest überwunden, erzählt Camus, scheint *Freude auf...* Um das Zitat zu verinnerlichen, sei es noch einmal erwähnt: *„Und Rieux... dachte, es sei gerecht, dass die F r e u d e wenigstens von Zeit zu Zeit die belohne, die sich mit dem Menschen begnügen, und mit seiner armseligen, gewaltigen Liebe. "*

In dem Zitat leuchtet – für mich – so etwas wie eine Grundaussage über den Menschen, auf. Wie wenn sich hier in dem Begriff *„Freude"* Gott verbirgt, der den Menschen belohnt. Dort, wo sich der Mensch – wenigstens von Zeit zu Zeit – *begnügt, mit seiner armseligen, gewaltigen Liebe,* wie sie im Leben erfahrbar wird.

Dort verschmelzen **Gott als Person** und **Gott als Kraft.**[12]

Ausdruck der Freude ist dann das LOB – das Loben. Wie nimmt die Existenz dies auf – wie vollzieht sich das Wahrnehmen der doppelten Erfahrung Gottes. Einerseits bedarf dies einer achtsamen Entfaltung, in der

---

[12] Diese Unterscheidung und Zusammenstellung verdanke ich dem Beitrag von Reinhard Müller „Wer ist Gott?" oder „Was ist Gott", in: *Verantwortung* / Zeitschrift des Dietrich-Bonhoeffer-Vereins, 34. Jg. Nr. 65 Dies ist die Zusammenfassung einer kritischen Prüfung einer Faksimile der Bonhoefferhandschrift aus *Widerstand und Ergebung.* In dem Brief vom 3.8.1944 im 2. Kap in *Entwurf einer Arbeit,* hatte einst der Herausgeber der Briefe, Eberhard Bethge, Mühe mit der Entzifferung! Hieß es „Was ist Gott?" oder „Wer ist Gott"? Die Prüfung „weist anhand eines winzigen Details aus Bonhoeffers nur schwer lesbarer Handschrift auf ein gewichtiges theologisches Problem hin"... eben dem „Unterschied zwischen der Frage nach *Gott als Person* und der Frage *Gott als Kraft.* Für mich war die Veröffentlichung 1955 von *Widerstand und Ergebung* einst der prägende Impuls für die Studienwahl! Seitdem hat mich die Theologie D. Bonhoeffers das Leben lang begleitet. In den vielfältigen Auseinandersetzungen in diesen Jahren gab sie maßgebende Anregungen für die eigenen Entscheidungen.

viele Einsichten und Gestaltungen der Überlieferung zum Tragen kommen können. Andererseits, wie füge ich mich – bewusst und willentlich ein in dieses Geschehen? Darum bemühen sich die Vertreter, die das innere, das geistliche Leben betonen und stärken möchten. Die Unterscheidung und Zuordnung der beiden Perspektiven ist schon vielfach und mit unterschiedlichen Akzentsetzungen bedacht. So hieß es schon: „Die Begriffe ‚Horizontale und Vertikale‘ haben einen weiten Horizont umrissen. *Welterfahrung* (Gott als Kraft) und *Gottesbeziehung* (Gott als Person, wie er sich in Verkündigung und Gottesdienst zur Geltung bringt), sind im Bewusstsein vieler Menschen weit auseinander gefallen. Deshalb darf der Bezug zur Geschichte und unsere Lebensbewältigung nicht fehlen. Der Ort des Christen ist im Schnittpunkt der Horizontalen und Vertikalen – also im Kreuz – bzw. ‚unter dem Kreuz‘ verankert.

Um an diesem Ort auszuhalten, standzuhalten und nicht zu fliehen, bedarf es wohl immer wieder der Hoffnung und der Vergewisserung des Glaubens. Die geistige Haltung für diesen Zusammenhang wird heute meist mit S p i r i t u a l i t ä t bezeichnet."[13] Wenn dies neu an der Theologie Dietrich Bonhoeffers erörtert wird, geschieht dies nicht zufällig. In dem Abschnitt, an dem das Gespräch neu aufgebrochen, heißt es:

„Begegnung mit Jesus Christus – Erfahrung, dass hier eine Umkehrung alles menschlichen Seins gegeben ist, darin, dass Jesus nur ‚für andere da ist‘. *Das ‚Für-andere-Da-sein‘ Jesu ist die Transzendenz! Glaube ist das Teilnehmen an diesem Sein Jesu."*[14]

So geschieht die „Willensbildung" im Bemühen, dass Einsichten und Erfahrungen, Denken und Handeln zum Einklang kommen mit dem Willen Gottes, wie er im Sein Jesu erkennbar ist. Dies führt unmittelbar in die Liturgie zum Gründonnerstag mit eben jenem Gesang: Ubi caritas et amor … Die Liturgie erinnert an die ‚Fußwaschung Jesus‘ an seinen Freunden, seinen Jüngern, den Frauen und Männern in seiner Begleitung. Welch ein Erweis seiner Liebe ist dies, in seinem Wirken – in seiner Hingabe – zu erkennen.

---

[13] Vgl. daselbst Meditation III, Horizontale-Vertikale, aus: „Ein Kind seiner Zeit. Horizonte des Lebens"

[14] Dietrich Bonhoeffer, Widerstand und Ergebung, München, 1955, S. 259

In der Freude verschmelzen Gott als Person und Gott als Kraft, der Ausdruck dessen, dieser Freude ist das LOB – das Loben. Dies bildet die Verbindung – die hilfreiche Verbindung – das Einssein, den *Einklang* der Existenz mit dem Willen Gottes. Darin möchte die Meditation zum Ziel kommen! Mehr ist wohl nicht zu sagen – oder doch? Ja, doch: *Denn dies ist immer wieder zu sagen und zu feiern!* So mag denn der entfaltende Hymnus den Abschluss bilden und zugleich eine Anregung zur weiteren Meditation sein:

Lateinisch	Deutsch
Ubi caritas et amor Deus ibi est.	Wo Liebe ist und Güte, da wohnt Gott.
Congregavit nos in unum Christi amor	Christi Liebe hat uns geeint.
exsultemus et in ipso iucundemur.	Lasst uns frohlocken und jubeln in ihm!
timeamus et amemus Deum vivum	Fürchten und lieben wollen wir den lebendigen Gott
et ex corde diligamus nos sincero.	und einander lieben aus lauterem Herzen.
Qui non habet caritatem, nihil habet,	Wer die Liebe nicht hat, [der] hat [gar] nichts.
sed in tenebris et umbra mortis manet;	Nein, er bleibt im Dunkel und [im] Schatten des Todes.
nos alterutrum amemus et in die	Wir [wollen] uns gegenseitig lieben und im Tageslicht,
sicut decet ambulemus lucis filii.	so wie es sein soll, [als] Kinder des Lichts umhergehen.
Caritas est summum bonum et amplum donum,	Die Liebe ist das höchste Gut und ein bedeutendes Geschenk.
in qua pendet totus ordo praeceptorum,	An ihr hängt alles, was es an Vorschriften gibt. (w: der ganze Kanon)
per quam vetus atque nova lex impletur,	Durch sie erfüllt [sich] das alte und das neue Gesetz.
quae ad caeli celsa mittit se repletos.	In Himmelshöhen schickt sie sie, [weil] sie [sich durch] sie erfüllt [haben].
Nam ut caritas coniungit et absentes,	Denn [so] wie die Liebe auch die verbindet, [die gar] nicht da sind,
sic discordia disiungit et praesentes,	so bringt die Zwietracht selbst die auseinander, [die] beieinander stehen.
unum omnes indivise sentiamus,	Wir [wollen] alle zusammen den Einen [im Herzen] tragen,
nec ut simul adgregati dividamur.	damit wir nicht wie eine zufällige Ansammlung [wieder] auseinander gehen.

Simul ergo cum in unum congregamur:
ne nos mente dividamur caveamus.
Cessent iurgia maligna, cessent lites.
Et in medio nostri sit Christus Deus.

Clamat Dominus et dicit clara voce:
ubi fuerint in unum congregati
meum propter nomen simul tres vel
duo,
et in medio eorum ego ero.

...

Ardua et arta via ducit sursum,
ampla est atque devexa, quae deor-
sum,
sed perennem dat fraternus amor
vitam,
et perpetuam malignis lis dat poenam.
Tota ergo mente Deum diligamus
et illius nil amori praeponamus,
inde proximos in Deo ut nos ipsos,
diligamus propter Deum inimicos.

Unanimiter excelsum imploremus,
ut det pacem clemens nostris in diebus,
iungant fidei speique opus bonum,
ut consortium captemus supernorum.

...

Similis et quo beatis videamus
glorianter vultum tuum, Christe Deus,
gaudium, quod es immensum atque
probum,
saecula per infinita saeculorum. Amen

Da wir nun allesamt eines geworden,
hüten wir uns getrennt zu werden im Geiste.
Es fliehe der Streit, böser Hader möge entwei-
chen:
In unserer Mitte wohne Christus der Herr.
Der Herr sagt uns und verheißt uns weithin
schallend:
Wo zugleich zwei oder drei in meinem Namen
eines Herzens und in Eintracht sich versammeln,
Werde ich auch mitten unter ihnen dasein.

...

Ein steiler und schmaler Weg führt nach oben,
breit und bequem der nach unten,
aber die geschwisterliche Liebe gibt ewiges
Leben,
und Streit den Bösen immerwährende Strafe.

So lasst uns Gott anhangen aus ganzer Seele,
und nichts soll stehen vor seiner Liebe.
Lasst uns in Gott dem Nächsten gut sein wie
uns selbst
und Gottes wegen lieben auch den Feind.
Einträchtig lasst uns zum Höchsten flehen,
dass gnädig er gebe Frieden in unseren Tagen,
sich vereinen das gute Werk mit Glaube und
Hoffnung,
damit wir das Erbe des Himmels erlangen.

...

Mit den Seligen wollen wir schauen
dereinst in der Herrlichkeit, Christus, dein Antlitz.
O, welch unermessliche Freude
durch die grenzenlose Weite der Ewigkeit.
Amen